대통령의 퇴임 이후

차례
Contents

대통령의 퇴임 이후

한 번 대통령은 영원한 대통령?

2007년 12월, 영국의 「파이낸셜 타임스」는 "동서고금을 막론하고 최고 권력자가 일상으로 돌아가는 것은 쉽지 않다. 그들은 죽거나 혹은 퇴임 이후에도 자신의 영향력을 지속시키기 위해 다양한 형태의 노력을 보여 왔다"고 밝히고 있다.[1)

고대사회의 국왕들은 물론 전근대사회의 최고통치자들은 권좌에서 죽거나 축출되기 전까지는 물러나지 않았다. 그들은 자신의 영향력을 영속시키기 위해 다양한 형태의 토목공사와 건축물을 조성했다. 신전, 스핑크스, 피라미드, 베르사유와 같은 화려한 궁전 등이 그것이다. 이러한 현상은 공산국가나 전체주의국가의 통치자들에게서도 볼 수 있다. 레닌, 히틀러, 스탈린, 마오쩌둥 등은 동상과 고속도로, 거대한 무덤 등을 미리 조성함으로써 자신의 영향력이 지속되기를 원했다. 전체주의국가의 통치자는 아니지만 프랑스의 미테랑과 시라크 전 대통령은 각각 루브르 박물관의 유리 피라미드와 제3세계 민속품을 주로 전시하는 케브랑리 박물관을 건립하여 자신의 영향력을 지속시키고 있다.

인류 최초로 국민이 직접 그 통치자를 선출하는 대통령제를 만들고 약 240년 이상의 그 제도를 굳건히 지키고 있는 미국의 경우도, 각각의 통치자들은 자신의 영향력이 지속되기를 원했다. 다만 미국의 대통령들은 도서관이나 박물관을 건립하여 사익보다 공익을 앞세우는 일을 선호했다. 유일하게 4선의 대통령이 된 프랭클린 루스벨트 대통령이 최초로 자신의 이름을 딴 도서관을 설립했다. 트루먼 이후 모든 미국 대통령은 자신의 이름이 새겨진 도서관과 연구 센터를 건립하여 이곳에서 퇴임 후에도 다양한 활동을 하고 있다.

최근 들어 권력에서 물러난 국가 최고 리더의 연령이 낮아지면서 퇴임자들은 단순한 건축물이나 기념물 조성을 넘어 국내 정치와 국제 문제 등 다양한 분야에서 직간접적으로 개입하여 활동을 하고 있다.

지미 카터 전 대통령이 가장 대표된다. 그는 자신의 이름을 딴 도서관이나 연구 센터를 통해 세계 분쟁 지역을 돌아다니면서 평화와 화해를 이끌어 내는 일이나 무상으로 집을 지어 주는 해비타트 운동을 활발하게 전개하면서 전직 대통령의 입지를 십분 발휘하고 있다. 미국의 엘 고어, 러시아의 고르바초프, 영국의 토니 블레어, 남아공의 넬슨 만델라 등도 세계 환경 문제와 민주화 문제에서 자신들의 영향력을 발휘하고 있다. 지미 카터의 평화 노력과 엘 고어의 환경 문제에 대한 관심으로 두 사람 다 노벨 평화상을 수상하였다. 클린턴은 퇴임 후 줄곧 종교와 환경 문제 등으로 여러 대학과 단체에서 영향력을 발휘하고 있으며, 현재는 아내 힐러리 상원의원의 대선 캠프를 진두지휘하고 있다. 부시 전 대통령의 경우는 펀드 금융회사인 칼라일 그룹의 고문으로 활동하면서 자신의 영향력을 발휘하고 있다.

우리나라의 경우는 어떠한가? 이승만 대통령은 장기 집권을 꿈꾸다가 4·19 혁명으로 사임했다. 사임 후 하와이로 망명하여 퇴임 후의 활동은 현직과 달리 초라하고 쓸쓸했다. 박정희 대통령 역시 장기 집권에 대한 대가로 암살을 당하는 불운을 겪어 퇴임 후가 없는 대통령이었다. 전두환 대통령과 노태우 대통령은 정통성이 결여된 대통령으로, 현직에서 물러나는 순간 영어의 신세까지 가는 초라함으로 전락했다. 심지어 이 두 대통령은 부정 비리에 대한 처벌로 막대한 벌금을 선고받고 아직도 그 대부분을 내지 않고 있다.

김영삼 대통령과 김대중 대통령은 각각 '문민정부'와 '국민의 정부'를 내세웠으나 각각 대통령직에 대한 공과의 논란이 분분한 가운데 퇴임 생활을 하고 있다. 두 전직 대통령은 강연, 회고록 집필 등의 개인적인 활동도 하고 있지만, 현실 정치에 깊이 개입을 하고 있다. 선거 때가 되면 으레 우리의 역대 대통령들이 현실 정치를 좌지우지하는 모습을 보인다. 뿐만 아니라 후임 대통령이 자신의 생각과 조금이라도 다르면 독설로 비판을 하면서 자신의 영향력을 행사하고 있다. 국가와 국민을 앞세우는 공익과 사회 기여를 위한 것이라기보다는 너무나 개인적이고 편파적인 시각을 나타내고 있는 것이다. 김대중 대통령은 우리나라 최초로 대통령 이름을 딴 도서관을 건립했다. 하지만 그 효용성에 있어서는 참으로 미흡하기 짝이 없다. 바로 도서관이 건립된 장소가 그의 고향이 아니라 서울의 연세대학교라는 점이다. 만약 대통령이 태어난 고향에 그의 이름을 딴 도서관을 건립했다면 그 상징성은 물론 효용 가치 측면에서도 훨씬 나았을 것이라 생각한다. 이와 관련하여 퇴임 대통령들의 기념관과 도서관은 가급적 대통령의 고향이나 연고가 있는 곳에 건립되는 것이 타당하다고 밝혔다. 현직 대통령이 활동하고 있는 서울을 떠나 국가 균형 발전 차원이나 지역 주민에 대한 봉사 차원에서도 도서관과 대학의 인프라가 풍부한 서울보다는 대통령의 고향이나 연고가 있는 지역이 좋다고 생각한다.[2]

이제 노무현 대통령 역시 전직 대통령이 되었다. 노무현 대통령의 퇴임 후의 생활은 어떠하겠는가? 역대 다른 대통령들과 달리 노무현 대통령은 퇴임 후 고향 봉화마을로 돌아갈 것이라 공언하고 일찍부터 준비를 해 왔다. 아직 '작은 청와대'니 '노무현 타운'이니 하는 비판의 말은 이른 느낌이 든다. 문제는 퇴임 후 노무현 대통령이 이곳에서 무엇을 할 것인가이다.

노무현 대통령이 서울이 아니라 고향으로 간 것 자체가 우리나라 대통령사에 있어서 큰 의미를 가지고 있다. 이는 지역 균형 발전이라는 철학의 실천이기도 하지만 우리나라 역대 대통령 중에서는 처음이라는 사실 때문이다. 대구 경북이 고향인 전두환 대통령과 노태우 대통령은 물론 각각 경남과 전남이 공향인 김영삼 대통령과 김대중 대통령은 모두 퇴임 후에도 고향이 아니라 서울 하늘 아래서 살면서 자신의 영향력을 과시하고 있다.

전직 대통령들이 청와대를 비롯한 모든 정부 기구가 있는 서울에서 거주하면 왜 문제가 되는가? 그것은 이제 정치의 주인공은 퇴임한 대통령이 아니라 현직 대통령이라는 사실 때문이다. 우리와 같은 작은 나라에서 어디에 살면 어떠한가 반문할 수도 있지만 전직 대통령들이 각자의 고향으로 돌아가 진정으로 자신의 공과를 되새기고 회고록을 작성하는 것이 더욱 아름다워 보인다. 그들이 현직 대통령이 있는 바로 코앞에서 대추 놔라 감을 놔라 하기보다 이제야말로 정파를 떠나 국가의 발전과 국민의 행복을 위해 국가 원로의 현명한 목소리를 내는 것이 더욱 아름다워 보인다.

정말 한 번 대통령은 영원한 대통령인가? 국가 최고 통치자들의 퇴임 후의 이러한 활동을 두고 벤저민 허프바우어 교수는 "이들은 황당할 정도로 자신의 업적을 과시하면서 현직에 있는 동안의 실정을 뒤로 숨기고 있다"는 말로 비판했다.[3]

퇴임 후는 고향으로

미국은 건국 후 지금까지 초대 대통령 조지 워싱턴에서 빌 클린턴까지 41명의 전직 대통령이 그 자리를 이어 왔다. 현직에 있는 동안 사망한 윌리엄 헨리 해리슨, 제크리 테일러, 에이브라함 링컨, 제임스 가필드, 윌리엄 매킨리, 워렌 하딩, 프랭클린 루스벨트, 케네디는 퇴임 후가 없는 대통령들이었다. 백악관의 막강한 권좌에 있을 때 사망하였지만 이들의 무덤은 각자의 고향에 마련되었다. 지금까지 태프트와 케네디만 알링턴 국립묘지에 안장되어 있을 뿐이다.

현직에 있는 동안 사망한 8명의 대통령과 우드로 윌슨[4]을 제외한 32명의 대통령은 워싱턴 백악관에서 물러남과 동시에 각자의 고향으로 돌아가 퇴임 후의 생활을 했다. 워싱턴이 고향 버지니아로 돌아가 농부가 되었고, 애덤스가 그의 고향 매사추세츠로 돌아가 연구 활동에 집중했다. 제퍼슨과 매디슨, 먼로 역시 퇴임 후 고향 버지니아로 돌아와 교육 사업과 연구 활동을 하면서 퇴임 후의 생활을 즐겼다. 그 후의 대통령들은 그들의 전임 대통령의 선구적 길을 따라 퇴임 후에 다음 표에서 나타난 각자의 고향으로 돌아갔다. 빌 클린턴이 아칸소로, 조지 부시가 텍사스로, 레이건이 캘리포니아로, 카터가 조지

역대 미국 대통령들의 출신 주(지역)

이름	대	출신 주(지역)	이름	대	출신 주(지역)
워싱턴	초대	버지니아	클리블랜드	22대 24대	뉴저지
애덤스	2대	매사추세츠	해리슨	23대	오하이오
제퍼슨	3대	버지니아	매킨리*	25대	오하이오
매디슨	4대	버지니아	T. 루스벨트	26대	뉴욕
먼로	5대	버지니아	태프트	27대	오하이오
애덤스	6대	매사추세츠	윌슨	28대	버지니아
잭슨	7대	사우스캐롤라이나	하딩*	29대	오하이오
뷰런	8대	뉴욕	쿨리지	30대	버몬트
W. H. 해리슨*	9대	버지니아	후버	31대	아이오와
타일러	10대	버지니아	F. D. 루스벨트*	32대	뉴욕
포크	11대	노스캐롤라이나	트루먼	33대	미주리
테일러*	12대	버지니아	아이젠하워	34대	텍사스
필모어	13대	뉴욕	케네디*	35대	매사추세츠
피어스	14대	뉴햄프셔	L. B. 존슨	36대	텍사스
뷰캐넌	15대	펜실베이니아	닉슨	37대	캘리포니아
링컨*	16대	켄터키	포드	38대	네브래스카
A. 존슨	17대	노스캐롤라이나	카터	39대	조지아
그랜트	18대	오하이오	레이건	40대	일리노이, 캘리포니아
해이즈	19대	오하이오	G. H. W. 부시	41대	매사추세츠, 텍사스
가필드*	20대	오하이오	클린턴	42대	아칸소
아서	21대	버몬트	G. W. 부시**	43대	코네티컷, 텍사스

<자료> http://www.ipl.org/div/potus/
* 임기 중 사망
** G. W. 부시가 2세 때 텍사스로 이사했다.

아로 돌아갔다.

미국의 퇴임 대통령들이 현직 대통령이 있는 워싱턴 하늘을 떠나 각자의 고향이나 연고가 있는 곳으로 돌아가 자신의 이름을 딴 도서관, 기념관, 박물관, 연구 센터 등을 짓고 공익과 지역사회에 기여하고 있는 것은 미국 정치사에 있어 큰 의미를 가지고 있다.

우선 워싱턴 권력 구조의 상징적인 의미를 더했다. 그것은 이제 정치의 주인공은 전직인 내가 아니라 현직인 당신임을 분명히 해 주었다. 이는 현직 대통령의 국가와 국민에 대한 무한 책임을 강화시키는 결과를 낳았다. 또한 그것은 현직 대통령이 전직 대통령에 대한 세세한 면까지 예우하는 시간과 정력의 낭비를 막아 주어 보다 국정에 충실할 수 있도록 해 주었다. 말하자면 퇴임 대통령이 현직 대통령에게 부담을 덜어 주는 결과가 되었다.

다른 하나는 앞에서 밝혔듯이 국가 균형 발전과 지역 주민에 대한 봉사라는 효용성 측면이다. 그리고 무엇보다 최고의 공직에 있었던 대통령이 고향으로, 자연인으로 돌아간 것은 민주주의 원리의 실천을 단적으로 보여 주었다는 점이다. 대통령직을 비롯한 모든 공직은 영원한 것이 아니며 국민들에 의해 일시적으로 위임받은 자리라는 점을 확인하는 결과가 되었다.

퇴임 후 워싱턴을 떠나지 않은 유일한 대통령 윌슨

우드로 윌슨은 제1차 세계대전의 산물이라 할 수 있는 국제

연맹을 의회에서 비준받기 위해 자신의 정신적, 육체적 한계를 넘어선 노력을 했다. 때마침 1918년 말에 대대적으로 유행했던 유행성 독감에 걸린 윌슨은 심한 천식이 왔고, 일 년 후에는 왼쪽이 마비되는 뇌졸중에 걸려 바르게 발언할 수 없게 되었다.

건강이 극도로 악화된 상태에서 백악관은 거의 폐쇄되다시피 되었으며 결국 퍼스트레이디 에디스가 모든 것에 관여했다. 1920년 선거에서 윌슨은 민주당의 맥아두와 F. 루스벨트를 지지했지만 결과는 공화당의 하딩이 대통령에 당선되었다.

취임식에서 윌슨은 하딩과 의사당 쪽으로 걸어가기는 했지만 정작 취임식장에는 들어가지 않았다. 그는 대통령에서 퇴임 한 후 워싱턴 하늘을 떠나지 않고 워싱턴 S가에 있는 붉은 벽돌집을 마련했다. 그곳에서 국무장관이었던 동료 콜비와 동업으로 변호업을 시작했지만 악화된 건강이 그의 활동을 금지시켜 버렸다. 사실상 퇴임 후 윌슨은 거의 볼 수 없는 장님이었다. 그럼에도 1923년 8월 워싱턴에서 치러진 하딩 대통령의 장례식에 참여했다.

1924년 1월 31일 극도의 소화불량에 시달린 윌슨은 "나는 부서진 기계와 같습니다. 기계가 부서졌을 때 …… 이제, …… 나는 준비가 되었습니다"라고 말했다.[5] 윌슨의 장례식은 정치성이 배제된 가족 중심의 소박한 장례식이었다. 윌슨은 국립묘지에 안장된 태프트와 케네디를 제외하고 워싱턴에 안장된 유일한 대통령이다.

워싱턴의 위대한 첫 단추

    장군으로 정치가로 조지 워싱턴을 도운 헨리 리는 1799년 워싱턴에 대한 추도사로 짧지만 너무나 함축적이고 강한 메시지를 남겼다. "이 위대한 사람을 기립니다. 전쟁에서도 최고, 평화에서도 최고, 이 나라 국민의 마음속에서도 최고입니다."[6)]

    워싱턴은 초기에 영국의 충실한 시민으로 소위 성공을 위해 군인이 되었고 영국의 정규군 장교가 되고자 했다. 그러나 여러 노력과 공훈에도 불구하고 워싱턴이 식민지 출신이라는 이유로 영국 본국인과 같은 승진의 기회가 오지 않았다. 낙심한 워싱턴은 군대를 제대하고 고향 버지니아에서 정치와 농장 경영에 집중했다. 하지만 격변의 시대는 워싱턴을 단순히 버지니아 지역에만 머물러 있도록 허락하지 않았다. 아메리카 식민지가 영국으로부터 독립하기 위한 전쟁이 시작되면서 군인으로서의 경험과 지역사회에서 이미 높아진 명성으로 인하여 워싱턴은 보다 큰일을 하도록 부름을 받았다.

식민지 정부는 전쟁을 수행하기 위해 대륙회의를 구성했고, 대륙회의는 워싱턴을 대륙군 사령관에 임명했다. 사실 당시에 영국 본국은 물론 식민지 사회에서도 많은 사람들이 1세기 전의 영국에서 군사령관의 전횡과 독재를 익히 알고 있었다. 과거 크롬웰에 대한 기억은 워싱턴에게 전권의 군사권을 주는 것을 의심하도록 했다.[7] 하지만 대륙회의의 대표들은 전쟁을 승리로 이끌 가장 신뢰할 만한 리더를 찾았고, 그가 바로 워싱턴이었다. 워싱턴은 국가의 부름에 따랐고 전쟁을 승리로 이끌었다.

전쟁이 끝나갈 무렵인 1782년 5월 어느 날, 워싱턴의 부하인 루이스 니콜라 대령이 워싱턴에게 왕이 되어 달라고 간청했다. 어떻게 보면 니콜라의 이런 요구는 당연한 것이었다. 당시 세계는 왕이 국가를 지배하고 있었고, 워싱턴은 유일한 힘인 군사력을 가진 승리한 총사령관이었다. 하지만 워싱턴은 "아직 전쟁이 계속되고 있는 이 순간에 군 내부에 그런 생각을 가진 사람이 있다는 그대의 편지를 보고 내 마음은 슬픔과 통탄에 휩싸여 있습니다. …… 만약 그렇게 된다면 그것은 이 국가에서 일어나는 가장 불행한 일이 될 것입니다. 참으로 어리석고 아무 쓸모없는 그런 말을 치워 버리시기 바랍니다"라

고 말했다.[8]

느슨한 연합체에 불과한 대륙회의는 전쟁을 수행하면서 장교와 병사들에게 갚아야 할 돈을 마련하지 못하였다. 전쟁이 끝나가면서 부채를 청산받지 못한 여러 장교와 군인들이 익명의 전단을 뿌리면서 반란을 주도했지만 워싱턴은 간곡히 그들을 설득하여 고향으로 돌려보냈다.[9] 워싱턴 스스로가 총사령관의 상징인 칼을 대륙회의에 반납하고 고향 버지니아로 돌아갔다. 워싱턴은 참으로 오랜만에 고향에서 농사를 짓고 지역사회에 봉사를 하는 시간을 보냈다. 하지만 격동의 시대는 또다시 워싱턴을 중앙 무대로 끌어냈다. 영국이 식민지 정부에서 빠져 나간 상태에서 새롭게 시작되는 국가 형성기에 워싱턴은 자연적으로 국가 최고의 리더로 추대되었다. 대통령제가 탄생되는 순간이었다.

헌법에 의해 최고 권력을 가졌지만 임기가 정해져 있었다. 대통령의 권력은 무한한 권력이 아니라 유한한 권한이었다. 그것은 책임과 의무라는 무거운 짐이었다. 그야말로 워싱턴은 아무도 가 보지 않은 바다를 해도도 없이 가야만 했다. 비록 헌법은 있었지만 대통령으로서의 세부적인 면에 대한 규정은 그 어디에도 없었다. 워싱턴은 겸손함과 예의 바름으로 무사히 4년의 임기를 마치고 고향으로 돌아가고자 했다. 그러나 또 한 번의 간곡한 부탁으로 그는 다시 4년의 임기를 더했다. 그는 신생국으로서 유럽 강대국에 대한 엄정 중립, 싹이 트고 있었던 당파적 갈등을 우려하여 파당을 만들지 말 것 등의 부탁을 남겼다.

워싱턴은 다시 한 번 종신 대통령이 되어 달라는 부탁을 단호히 거절하고 고향 버지니아의 마운트버넌으로 은퇴했다. 최초의 퇴임 대통령이 되었다. 은퇴 후 워싱턴은 그동안 돌보지 못했던 농장에서 직접 삽을 들고 일을 했다. 이를 두고 후대의 역사가들은 워싱턴을 미국의 '킨키나투스'로 불렀다. 킨키나투스Cincinnatus는 로마 공화정 시대에 자영 농민의 신분으로 국가의 부름을 받아 독재관이 되어 국가의 위기를 평정하고 난 후, 임기가 남았음에도 불구하고 권력을 버리고 원래 직업이었던 농민으로 돌아간 인물이다.

은퇴 후 워싱턴은 가장 행복한 시간을 보냈다. 농장을 돌보고 찾아오는 수많은 방문객을 접대했다. 한때 농장을 돌볼 자금이 부족하여 은행에서 돈을 빌리기도 했지만 큰 문제는 아니었다. 종종 여러 사람들로부터 국가 대소사에 대한 브리핑을 받고 깊은 관심을 표명했지만 새로운 정부에 대해 의견을 제시하거나 비판하는 경우는 없었다. 단순한 관심, 그야말로 잘되기를 바라는 우환憂患의 마음, 그것으로 끝이었다. 워싱턴의 생각에 국정은 이제 퇴임한 자신의 몫이 아니라 현직 대통령의 몫이었다. 그러나 국가가 위기에 처했을 때 워싱턴은 수동적이 아니었다. 미국은 뇌물을 요구하며 굴욕적 외교를 강요한 소위 XYZ사건으로 프랑스와 전쟁의 위기에 다다랐다. 후임 대통령 존 애덤스가 1798년 7월 4일 워싱턴을 중장으로 승급시켜 총사령관에 임명했다. 이에 워싱턴은 "내 몸에 남아 있는 모든 피를 바쳐서"라는 말과 함께 사령관직을 수락했다. 하지만 전쟁은 일어나지 않았다.

워싱턴이 3선의 요청에도 불구하고 최고의 권좌를 버리고 고향으로 돌아간 것은 역사의 한 페이지를 장식할 만한 경의로운 일이다. 헌법과 같은 제도가 중요한 것이 아니다. 역사를 통해 많은 권력자들은 제도를 무시하고 장기 집권을 획책했다. 반대하는 수많은 사람들을 죽음으로 몰아가고 강제로 제도를 바꾸어 가면서 최고 권좌를 탐해 왔다. 분명한 쿠데타를 혁명이라 우기고 자신들의 권력에 대한 탐욕을 구국의 일념이라는 말로 치장했다. 워싱턴 이전의 로마의 카이사르가 그러했고 영국의 크롬웰이 그랬다. 거의 동시대인인 나폴레옹이 그랬다. 20세기의 프랑코가 그랬고, 히틀러가 그랬으며, 또한 박정희 대통령도 그랬다. 하지만 역사상 워싱턴은 자신의 의지로 권좌를 놓고 자연인으로 돌아간 최초의 사람이었다.

워싱턴의 유언장

워싱턴은 퇴임 후의 생활이 그 어느 때보다 행복했고 그의 마지막도 모범적으로 준비할 수가 있었다. 1799년 12월 12일, 추운 날씨에 워싱턴은 말을 타고 농장을 돌아다녔다. 갑자기 목이 붓고 고통이 엄습했는데 그로부터 이틀이 지난 후 워싱턴은 사망했다. 워싱턴의 마지막 말은 다음과 같다.

나는 이제 죽습니다. 나를 잘 매장해 주시고, 내가 죽고 난 후 이틀이 지나기 전에 관에 넣어 주시기 바랍니다. 모두들 아시겠지요? …… 참으로 …… 그래요 나는 …… '만족합니다(Tis well)'[10]

죽으면서 만족을 이야기하는 사람이 이 세상에 몇 명이나 될까 생각할 때 워싱턴의 마지막 말은 참으로 의미 있다 하겠다. 워싱턴의 장례식은 그의 요구대로 단순했지만, 군인을 비롯한 조문객이 끊이지 않았다. 그리고 포토맥 강에 정박한 배에서 그를 기리는 예포가 발사되었다. 워싱턴의 위대함, 특히, 퇴임 후의 위대함은 그의 유언장의 내용이었다. 1799년 7월에 자필로 작성한 42쪽에 달하는 유언장의 내용은 다음과 같다.

- · 50만 달러의 가치가 나가는 부동산의 권리와 이익은 아내 마사가 살아 있는 동안 아내에게 줄 것.
- · 개인 시중을 든 윌리엄을 노예 신분에서 즉각 해방하고 그에게 연금 30달러를 줄 것과 아내가 죽음과 동시에 모든 나머지 노예들을 해방시킬 것.
- · 알렉산드리아 은행 주식은 가난한 고아들의 교육을 위해 사용할 것.
- · 포토맥 회사의 주식은 국립대학 건설 비용으로 사용할 것.
- · 동생 새뮤얼 가족과 친척 바톨로뮤 댄드리지의 부채를 청산해 줄 것.
- · 워싱턴의 보좌관이었던 토비아스 리어가 평생 살 수 있

는 집을 마련해 줄 것.

- 조카 버시로드 워싱턴에게 마운트버넌과 개인적 글과 서류, 그리고 도서관을 줄 것.
- 손녀 넬리 루이스와 손자 조지 워싱턴 파크 커티스에게 각각 상당한 부동산을 줄 것.
- 벤저민 프랭클린이 워싱턴에게 선물한 황금 머리 지팡이를 동생 찰스에게 줄 것.
- 워싱턴이 사용한 서재와 의자는 주치의 크레이크에게 줄 것.
- 혁명 전쟁 동안 영국군으로부터 빼앗은 권총은 라파예트에게 줄 것.
- 검은 자신 보호, 국가 방어, 정당한 일을 위한 목적을 제외하고는 뽑지 말 것을 규정하여 5명의 조카에게 줄 것.11)

오늘날 그가 남긴 대부분의 것들은 마운트버넌 기념관에 전시되어 있다. 헨리 리의 말에 이어 이런 말을 하고 싶다. '그는 퇴임 후도 최고입니다.' 워싱턴의 위대함은 대통령으로서뿐만 아니라 퇴임 후의 대통령으로도 포함된다. 그의 위대한 첫 단추가 후세에 모범이 된 것은 두말할 나위가 없다.

애덤스와 제퍼슨의 퇴임 후 생활

존 애덤스

미국 제2대 대통령 존 애덤스는 1800년 선거에서 공화파의 토머스 제퍼슨에게 패배했다. 미국은 국가 탄생 그 자체가 지구상 최초의 대통령제를 채택한 민주정치 실험의 장이었다. 초대 대통령 워싱턴이 두 번의 임기를 마치고, 존 애덤스가 한 번의 임기를 마친 후 12년 만에 미국은 소위 '평화로운 정권 교체'를 이루었다. 한 정파에서 다른 정파로 정권이 평화롭게 교체된 것은 1800년 미국이 처음이었다. 이를 두고 후대의 역사가들은 '1800년 혁명'이라고까지 한다. 혁명이나 군사적 구데타가 없이 정부의 통치권을 넘겨준 민주적 헌법이 보장된 최초의 사례였다.

존 애덤스는 선거 패배를 인정하고 싶지 않았지만 후임 대통령 제퍼슨의 취임식에 참석한 후 고향인 매사추세츠 퀸시로 퇴임했다. 그는 가능한 한 정치적인 일에 관여하지 않을 것을 다짐하고 고향에서 평화로운 은퇴 생활을 기대하면서 주로 개인적인 생활에 집중했다.

그러나 존 애덤스는 퇴임을 하루 앞둔 1801년 3월 3일 저녁에 제퍼슨의 공화파를 견제하여 사법부의 판사들을 자신의 편인 연방파 인물들로 임명했다. 가장 대표적인 인물이 대법원 판사인 존 마셜John Marshall이었다. 어쩔 수 없이 연방파 중심의 사법부를 물려받았던 제퍼슨은 사법부의 강력한 견제로 인하여 자신의 정치철학을 펼칠 수가 없었다. 제퍼슨은 주 중심의 정치를 하고자 했지만, 강력한 중앙정부를 주장하는 연방파 중심의 사법부가 제퍼슨의 독주를 막았다. 이로 인하여 애덤스와 제퍼슨의 관계는 더욱 멀어졌다.

19세기 인물로 가장 장수(90세)한 대통령인 존 애덤스는 그만큼 은퇴 생활도 길었다. 그는 무려 25년을 왕성한 호기심과 지적인 모험을 즐겼다. 새로운 책들과 고전을 다시 읽고 찾아오는 동료들과 토론을 즐겼다. 나이가 들면서 눈이 어두워지자 손자와 손녀, 그리고 다른 사람들로 하여금 책을 읽어 주도록 시켰다.

1820년이 되자 존 애덤스는 잠시 개인적 생활을 접고 지역 정치에 관여했다. 그는 1820년 대통령 선거에서 매사추세츠 대통령 선거인단으로 활동하여 전체 15표 중 당시 제임스 먼로를 지지하는 한 표를 던졌다. 은퇴 생활을 하면서 존 애덤스는 누구보다도 새롭고 환희에 찬 경험을 하게 되는데 1824년 선거에서 아들 존 퀸시 애덤스가 대통령에 당선되는 것을 지켜보았다. 아들이 당선되기를 간절히 바랐지만 아버지 애덤스는 나이로 인하여 선거운동에 크게 관여하지는 못했다. 부자가 대통령에 당선된 경우는 약 2세기가 지난 후 2002년 조지 W. 부시가 아버지 조지 H. 부시를 이어 대통령에 당선될 때까지 나오지 않았다.

제퍼슨과의 아름다운 화해

존 애덤스도 토머스 제퍼슨도 미국의 위대한 건국의 아버지들이었다. 그들은 혁명기에 워싱턴을 도와 영국을 물리치고 식민지 아메리카에 새로운 독립국가를 세우는 데 큰 기여를 했다. 헌법을 기초하고 독립선언문을 작성하는 일에 그들은 최고의 동지였다.

하지만 존 애덤스와 제퍼슨은 정치철학에 있어 서로가 달랐다. 초대 대통령 워싱턴에게는 두 사람 다 너무나 소중한 사람들이었다. 애덤스는 부통령이 되었고 제퍼슨은 국무장관이 되었다. 애덤스는 재무장관 알렉산더 해밀턴과 더불어 연방이 권력의 중심이 되어야 한다고 본 연방파의 기수였다. 반면 제퍼슨은 주가 중심이 되어야 한다고 본 공화파의 기수였다.

위싱턴은 두 사람의 서로 다른 정치철학을 포용하고 화해를 종용했지만 그들의 관계는 워싱턴이 정치 일선에서 퇴장한 후 더욱 골이 깊어만 갔다. 심지어 제퍼슨은 국무장관직을 스스로 사임하기까지 했다. 두 사람의 관계를 최악으로 몰고 간 것은 1800년 선거였다. 선거인단에 의해 같은 표를 받았지만 연방 하원에 의해 제퍼슨이 대통령으로 확정되었다.

한 사람은 퇴임한 대통령으로, 다른 한 사람은 현직 대통령의 신분으로 한동안 서로를 보지 않았다. 하지만 1805년, 공화파이지만 그 역시 혁명 동지로 애덤스와 제퍼슨과 절친한 동료였던 벤저민 러시가 둘 사이의 화해를 주도했다. 러시의 적극적인 화해 주선으로 두 사람은 못 이기는 척하며 서로를 그리워했다. 애덤스도 제퍼슨도 누가 먼저라고 할 것 없이 서로에게 애정 어린 편지를 보냈다. 그들은 편지를 통해 지난 과정의 감정과 차이를 묻어 두고 따뜻한 우정을 나누었다.

그 후 두 사람이 만났는지는 알려지지 않는다. 어쨌든 두 사람이 서로에 대한 좋지 않은 감정을 용서하고 노후를 편안하게 보낸 것은 사실이다.

존 애덤스는 1826년 7월 4일, 독립기념일 50주년에 사망했다. 애덤스는 며칠 전 보스턴에서 개최되는 독립기념일 행사에 초대되었지만 건강 악화로 참석할 수가 없었다. 오후에 죽음을 앞둔 애덤스는 "토머스 제퍼슨은 아직 ……"[12]이라는 말을 남기고 숨을 거두었다. 마지막 말이 입술에 머물고 언어화되지 않았지만 아마도 "살아 있지?"였을 것이라는 게 일반적인 생각이다.

하지만 미국 역사상 너무나 기이한 현상이 일어났다. 제퍼슨 역시 애덤스가 죽기 몇 시간 전에 사망했던 것이다. 이를 두고 많은 사람들은 하느님이 미국을 사랑하는 증거라고 말하기까지 했다. 이를 두고 오늘날에도 미국인들은 미국이야말로 하느님의 보호 아래 축복을 받은 나라라는 증거로 받아들이고 있다. 그들보다 후에 대통령이 된 제임스 먼로 역시 1831년 7월 4일에 사망했다.

다음은 존 애덤스의 유언장이다.

- 퀸시의 집, 100에이커에 달하는 농장, 개인 소장품, 책, 기타 자료를 아들 존 퀸시 애덤스에게 줄 것.
- 1만2000달러 가치의 부동산을 막내아들 토머스 애덤스에게 줄 것.
- 8에이커의 땅을 새로운 교회와 학교를 건립하는 조건으로 퀸시시에 증여할 것.
- 4만2000달러 가치의 다른 부동산을 손자와 손녀에게 평등하게 분배할 것.[13]

제퍼슨

미국 3대 대통령 제퍼슨은 두 번의 임기를 마친 후 공인으로서의 생활을 만족하고 은퇴 생활의 축복을 기대하며 몬티셀로로 퇴임했다.

그러나 제퍼슨은 워싱턴의 백악관을 나오면서 오늘날의 기준으로 볼 때 상상도 할 수 없는 일을 경험했다. 제퍼슨이 품위 있는 대통령직을 수행하면서 다름 아닌 많은 돈을 빌린 것이다. 결과적으로 그는 퇴임 당시 2만4000달러의 빚이 있었다. 그의 농장에서 생산되는 곡식을 판매한 돈은 연간 수천 달러에 불과했고, 퇴임 대통령의 신분으로 국가로부터 받는 연금 역시 이 돈을 상환하기에는 턱없이 부족했다.

제퍼슨이 은퇴 생활을 하던 1812년, 다시 영국과 관계가 악화되어 전쟁이 일어났다. 영국 해병대가 새롭게 조성한 수도 워싱턴을 침략하여 백악관은 물론 의회도서관을 불질렀다.[14] 이때 의회도서관의 많은 자료가 화재로 소실되었다.

이에 제퍼슨은 자신의 개인 도서 6500권을 정확하게 2만3950달러를 받고 의회도서관에 팔았다. 버지니아에서 워싱턴까지 제퍼슨의 책은 무려 11대의 수레에 실려 이송되었다. 오늘날 의회도서관의 가치 있는 많은 책들은 이때 제퍼슨으로부터 구입한 책들이다. 하지만 1851년 의회도서관의 화재로 여러 권의 책이 소실되었다.

제퍼슨은 퇴임 후 정치적인 일에는 단 한 가지에도 관여하지 않았다. 그가 관심을 집중한 것은 교육이었다. 그는 은퇴 후 온 힘을 쏟아 버지니아 대학을 건립했다. 대학 부지를 물색하고, 건물을 설계하고, 건축을 감독하고, 나아가 교과 과정을 준비했다. 누구보다도 자유로운 우주관을 가진 제퍼슨은 당시 교육 과정에서는 보편적인 것으로 인정되는 과정인 종교 교육을 버지니아 대학에서 일부러 삭제했다. 그는 교수진을 직접 선발했으며 스스로 대학 총장직을 지냈다. 제퍼슨의 온 땀이 배어 있는 버지니아 대학은 그가 죽기 일 년 전인 1825년에 개교했다. 버지니아 대학은 당시 다른 대학에서는 꿈도 꾸지 못했던 학생 자율권을 확대시켰다.

제퍼슨의 비문

제퍼슨은 역시 동지이자 라이벌이었던 존 애덤스와 1805년 화해를 하고 나서 너무나 기뻐했다. 그는 애덤스는 물론 다른 명사들과 활발한 편지를 주고받았다. 무려 1년에 1000통 이상의 편지를 썼다고 한다.

제퍼슨 역시 1826년 7월 4일 독립기념일 50주년에 사망했다. 그 역시 50주년 행사에 초대되었다. 악화된 전립샘 질환으로 인하여 아편을 복용하며 7월 4일까지 생존하기를 간절히 바랐다. 그는 7월 4일 아침 7시에 비서에게 "4일인가요?"라고 물었다. 이에 비서는 "예, 곧 옵니다"라고 대답했다. 그리고 그는 말이 없었다. 생의 라이벌, 애덤스는 아직 살아 있었다. 단지 몇 시간만.

제퍼슨은 자신의 묘비를 디자인하고 비문을 적어 두었다.

"여기에 토머스 제퍼슨이 잠들어 있다. 미국 독립선언서의 기초자이며, 버지니아 종교 자유 법안의 기초자이고, 또 버지니아 대학의 설립자이다."

스스로 작성한 그의 비문에는 대통령이었다는 문구는 없다. 아마도 그는 자유로운 생활을 제약받았던 대통령으로서의 생활을 가장 낮게 평가한 것으로 생각된다.

다재다능한 르네상스인과 같은 제퍼슨에 대해 그의 뒤를 이은 제임스 매디슨은 다음과 같은 찬사를 보냈다.

"그는 사람들의 기억 속에 현명하고 선한 사람으로, 과학의 권위자로, 자유의 성직자로, 애국심의 전형으로, 그리고 인류의 은인으로 영원히 살아 있을 것이다."[15]

제퍼슨의 유언장에는 다음과 같은 내용이 있었다.

· 5명의 노예를 해방시킬 것.
· 몬티셀로 농장을 딸 마사에게 줄 것.

하지만 제퍼슨은 퇴임 후의 생활 역시 항상 돈이 부족했다. 그의 품위를 유지하는 생활은 언제나 많은 돈을 필요로 했고, 결국 딸에게 무려 10만7274달러의 빚을 물려주었다. 마사는 이 돈을 변제하기 위해 사저인 몬티셀로와 가구를 경매처분해야만 했다.

루스벨트와 태프트의 퇴임 후 생활

시어도어 루스벨트의 태프트 선정

T. 루스벨트는 1904년 대통령 선거에 출마하면서 이번 임기만 하고 정계에서 은퇴할 것이라 선언했다. 하지만 너무나 역동적인 자신을 계승할 인물을 선택할 시간이 다가오자 루스벨트는 백악관을 자신과 관계없이 그냥 내버려 두기가 몹시도 싫었다. 지금까지 루스벨트만큼 대통령직을 화려하고 강력하게 행사한 대통령은 없었다. 퇴임 후 이제 50대 초반의 나이로 루스벨트는 여전히 젊고 역동적이었으며, 그래서 그런 행동을 갈망하고 있었다. 루스벨트가 한 친구에게 "나는 대통령으로서의 나의 공식적인 임무에서 벗어난 일에 대해 크게 신

경 쓰지 않을 것이다"라고 말했다.16) 만약 1904년에 국민을 상대로 한 이 불행한 약속을 하지 않았다면 그는 아마도 새로운 임기를 위해 노력했을 것임에 틀림없다.

1908년 새로운 대통령 선거가 다가오면서 루스벨트는 그의 충실한 추종자이자 내각에서 전쟁장관을 지낸 윌리엄 태프트를 자신의 혁신주의 정책을 계속해서 추진해 줄 적합한 인물임을 확신하고 그가 대통령이 되도록 최선을 다했다. 루스벨트는 공화당 전당대회에서 대통령 후보가 되도록 대의원을 확보하는 데 대통령의 권한을 이용하였다. 전당대회에서 공화당 혁신주의자들이 "4년, 4년만 더하시오"라고 외쳤지만 루스벨트의 마음은 이미 태프트에게로 굳어졌다.

그러나 평생을 임명직에만 있었던 태프트는 선거전에 있어 몹시도 서툴렀다. 이에 루스벨트는 태프트에게 여러 통의 편지를 보냈고 너무나 친절한 충고를 아끼지 않았다. "이 친구야, 용감하게 일을 하고 결정타를 가하시오. 종교와 같은 다루기 어려운 문제는 언급하지 말고 피하시오. 당신이 너무나 잘 알고 있는 법원의 판결 내용은 인용하지 마시오. 또 당신이 골프를 치고 있는 사진을 공개하지 마시오. 보다 많은 유권자들이 당신을 자연스럽게 볼 수 있도록 개인 소유의 집보다 호텔에서 생활하시오. 무엇보다도 태프트 당신은 관대하고, 너그럽고, 고결하게 보이도록 항상 웃음을 지어야만 합니다" 등등.17)

퇴임 후 생활과 태프트와의 불화

태프트는 누가 뭐래도 루스벨트의 적극적인 후원으로 대통령에 당선되었다. 그러나 태프트에 대한 루스벨트의 믿음은 그 후부터 금이 가기 시작했다. 두 사람 간의 불화는 태프트가 선거 후 루스벨트에게 보낸 편지에서 승리의 공적이 루스벨트에게만 있는 것이 아니라 자신의 형제에게도 함께 있다고 했을 때 처음으로 노출되었다. 대통령이 된 것에 대한 논공행상을 하는 데 태프트의 동생인 찰리 태프트와 루스벨트를 같은 반열에 둔다는 것은 루스벨트로서는 전혀 예상치 못한 것이었다. 신문기자들 역시 그토록 원했던 퍼스트레이디가 될 넬리는 사랑하는 윌이 누구의 신세를 지지 않고 자신의 백악관을 가져야 하기 때문에 루스벨트에게 그리 큰 빚을 지고 있지 않는 것으로 생각한다고 보도했다. 선거전에서 태프트는 루스벨트에게 내각에 남아 있기를 원하는 루스벨트 행정부의 내각 요인들에 대해서는 그대로 유임시킬 생각이라고 말했다. 이에 4명이 태프트 행정부에서 계속 일을 하고 싶다고 했지만, 선거가 끝나자 태프트는 이들 4명은 자신보다 루스벨트에게 더욱 충성을 할 것이라 판단하고 즉각 해임하고 자신의 사람들로 임명했다. 이 일에 루스벨트는 분노했다. 그러나 이미 어찌하랴. 이미 키는 태프트가 잡고 있었다.

기분이 엉망인 상태로 태프트의 취임식에 참가한 후 루스벨트는 뉴욕의 오이스터 만에 있는 농장 새가모아 힐로 은퇴

했다. 그리고 그는 태프트에게 대통령직을 인계하고 난 후 백악관을 지배할 것이라는 소리를 듣기 싫어 아프리카로 대규모 사냥을 떠날 것이며 유럽의 환영 행사에 참가할 것이라고 발표했다. 은퇴 후 그는 곧바로 그동안 꿈꾸었던 큰 프로젝트를 시행에 옮겼다. 무려 2년이나 걸린 아프리카 사파리 여행을 다녀왔다. 루스벨트는 이 여행에 스미소니언 박물관 출신의 능력 있는 박제사와 자연과학자들, 그리고 아들 커밋을 동반시켰다. 또한 무려 200명의 짐꾼을 동반하여 대대적인 사냥을 실행했다. 이 사냥에서 루스벨트는 코끼리 5마리, 하마 7마리, 사자 9마리, 코뿔소 13마리, 그리고 수십 종에 달하는 다양한 동식물을 잡고 채취하여 스미소니언 박물관의 내용물을 채우는 데 큰 역할을 했다.

아프리카 여행을 마치고 유럽을 지나오면서 루스벨트는 유럽의 여러 왕들과 왕비들로부터 대대적인 환영과 극진한 대접을 받았다. 당시 루스벨트는 보수적이고 친기업적인 공화당 소속 대통령이었지만 정치 및 사회 개혁의 혁신주의를 이끌어 많은 인기 속에서 퇴임한 미국 대통령으로서뿐만 아니라 노벨 평화상을 수상한 세계적인 인물이었다. 노벨상은 1901년부터 시행되었는데 T. 루스벨트는 1904년에 일어난 러일전쟁을 중재한 평화의 사도(?)라는 이유로 노벨 평화상을 받았다.[18]

그러나 아프리카와 유럽을 여행하는 동안 미국에 있는 그의 동료들로부터 루스벨트는 반갑지 않은 소식을 들었다. 루스벨트도 대통령직에서 물러나면서 반신반의했지만 태프트는 그의 기대와 달리 완전히 다른 길을 가고 있었다. 루스벨트의 분노를 극단으로 끌어올린 사건은 두 가지였다. 하나는 기업을 견제하는 혁신주의자들의 의견과는 달리 친기업적이고 보수적인 고율의 관세인 페인-올드리치 관세법을 통과시킨 것이었다. 다른 하나는 루스벨트가 자랑스럽게 생각하는 정치적 유산을 무시하는 일이었는데, 태프트가 개발 위주의 보수주의자인 리처드 볼린저를 내무장관에 임명하였던 것이다. 여기에 더하여 태프트는 루스벨트의 자연보호 정책에 대한 기본 그림을 그린 산림청장 기포드 핀초를 전격적으로 해고해 버렸다.

미국으로 돌아온 루스벨트는 1912년 2월에 자신은 3선을 하지 않겠다는 약속을 어기고 공화당 대통령 후보 선거전에 뛰어들었다. 하지만 상황은 4년 전과 많이 달라졌다. 공화당 지도부는 보수주의자들로 채워져 있었고, 이들은 대부분 태프트를 지지했다. 결국 태프트에게 패배한 루스벨트는 공화당을 탈당하여 혁신당, 혹은 '수사슴당(Bull Moose Party)'을 만들어 제3후보로 대통령 선거에 임했다. 두 사람은 건널 수 없는 다리를 건너고 있었다.

그렇게 죽고 못 살았던 친구 관계였던 태프트와 루스벨트 간의 상호 공격은 신랄함 그 자체였다. 그들은 주로 개인적인 인신공격이 주를 이루었다. 루스벨트는 태프트를 두고 "돼지, 쥐보다 더 멍청한 머리를 가진 얼간이"로 공격했다. 이에 태프트는 루스벨트를 두고 "위험하고 이기주의적인 민중 선동가"이자 "진실을 말하지 못하는 사람"이라고 공격했다. 그러나 대통령 선거 본선에 들어가서 선거의 양상은 윌슨과 루스벨트 두 사람으로 압축되어 갔고, 그들은 이제 완전히 현직 대통령을 무시하게 되었다. 패배를 인정한 태프트는 몇 번에 걸친 산만한 연설을 한 후 이내 침묵했다. 그는 애처롭게 "이 나라에는 나를 싫어하는 사람들이 너무나 많다"고 푸념했다.[19)]

11월의 최종 결과는 이미 예정되었다. 공화당은 루스벨트 세력과 태프트 세력으로 나뉘어 있었다. 반면 윌슨은 민주당 유권자들을 하나로 묶어 435명의 선거인단을 확보하여 승리했다. 승리는 민주당에게 넘어갔고 16년 만에 백악관의 주인이 민주당 대통령이 되었다. 루스벨트는 선거인단 88명을 확보해 2등을 했고, 태프트는 형편없는 득표로 3등을 했다. 태프트는 단지 8명의 선거인단을 가진 유타주와 버몬트주 두 개의 주에서만 승리를 했다. 태프트와 루스벨트는 선거의 패배 원인을 서로에게 돌렸다.

T. 루스벨트 암살 미수 사건

한참 선거전이 무르익던 1912년 10월 14일에 루스벨트는 밀워키에서 군중들에게 연설을 하기 위해 준비를 하고 있었다. 그때 독일 이민자로 술집에서 바텐더를 하고 있던 36세의 청년 존 슈랭크John Schrank가 38구경의 권총을 발사했다. 다행히 총알은 루스벨트의 오른쪽 포켓에 넣어 둔 여러 겹으로 접은 연설문 종이를 맞추었다. 하지만 총알은 오른쪽 젖꼭지 옆을 관통하여 4인치나 가슴을 파고들었다. 갈비뼈까지는 가지 않았지만 많은 피가 흘렀다. 그러나 루스벨트는 흐르는 피를 지혈하고 무모하게도 준비한 연설을 계속했다. 그것도 한 시간 이상을 말이다. 뒤늦은 시간에 병원에 도착해 상처를 치료했지만 총알은 제거하지 않았다.

범인 슈랭크는 조사 과정에서 꿈에 매킨리의 유령이 나타나서 나를 이은 대통령을 암살해 자신의 원수를 갚아 달라고 했다고 말했다. 결국 그는 정신병자로 인정되어 감호소에서 치료를 받으면서 1943년까지 살았다.

1913년 잡지 『아이언 에이지』 고소건과 진실 재판

공화당의 분열로 인하여 1912년 선거를 민주당의 윌슨에게 고스란히 넘겨준 상황에서 보수적 언론들은 저마다 책임 소재를 찾고 있었다. 잡지 『아이언 에이지*Iron Age*』는 루스벨트를 상대로 "형편없는 술주정뱅이"라는 비난 기사를 실었다. 이에 비서관들은 루스벨트에게 사실과 어긋난 보도를 한 잡지사의 사장과 그 글을 쓴 기자를 개인적으로 불러 크게 따지고 책임을 묻자는 의견을 내놓았다.

하지만 루스벨트는 이것을 권력 남용이라 생각하고, 이 기사와 연관된 사람들을 정식으로 고소했다. 명예훼손으로 인한 손해배상을 청구했던 것이다. 얼마 후 재판이 진행되었고, 판사는 관련 사람들을 심문하고 최종적으로 배심원들과 논의를 했다. 판결은 다음과 같았다.

> 『아이언 에이지』의 T. 루스벨트 씨 관련 기사는 거짓으로 판명되었습니다. T. 루스벨트 씨의 주장대로 개인의 명예를 훼손시킨 것이 인정됩니다. 그러므로 『아이언 에이지』사는 대통령이었던 T. 루스벨트 씨에게 손해 배상금을 지불하십시오.

인기 있는 전직 대통령이 관련된 이 재판에 많은 사람들이 관심을 가졌다. 방청석의 사람들은 손해배상을 하고 나면 이 잡지사는 망하고 말 것이라고 생각했다. 판결은 이어졌다.

> 원고인 T. 루스벨트 씨가 요구한 배상금은 6센트입니다. 이것으로 재판을 마칩니다.

사람들은 다시 웅성거렸고, 누군가 "명예훼손의 배상금을 고작 6센트란 말입니까?"라고 말했다. 이에 루스벨트는 "내가 관심 있는 것은 배상금이 아닙니다. 중요한 것은 진실입니다. 그리고 바로 그 진실을 결정해 주는 것은 권력이 아니라 이런 재판입니다. 이제 진실이 밝혀졌고 오해가 풀렸습니다. 나는 그것으로 만족합니다"라고 말했다.[20]

여전히 역동적인 활동

대통령이 되기 전 작가, 저널리스트, 등산가, 카우보이, 사냥꾼, 경찰국장, 전쟁 영웅, 주지사, 그리고 부통령을 경험한 T. 루스벨트는 정복되지 않을 세상은 없다고 생각했다. 대통령이 되었고 그는 자신이 하고 싶은 일을 했다. 어떤 대통령은 대통령직을 헌법에 명시되어 있는 권한만을 행사하는 것으로 생각하고 그렇게 했다. 하지만 T. 루스벨트는 국민들의 이익을 위해서라면 법과 헌법에 금지되어 있지 않는 한 어떠한 행동도 할 수 있는 것으로 보았다.

대통령으로서뿐만 아니라 퇴임 후에도 T. 루스벨트는 누구보다도 역동적이었다. 아프리카 대여행과 수사슴당을 통한 정치 재도전 후에 그는 다시 7개월 동안 브라질을 관통하는 무려 1500마일의 남미 탐험 여행을 떠났다. 이 여행에서도 그는 많은 동식물의 표본을 수집했고, 이 역시 스미소니언 박물관을 풍성하게 만드는 데 일조했다. 특히 루스벨트는 브라질의 '의심의 강'을 탐험하면서 다리에 깊은 상처를 입고 말라리아에 걸려 한때 열이 화씨 105도까지 올라가 실신을 했다. 이때 입은 다리의 상처와 암살 때 뽑지 않은 몸속의 총알은 그의 생명을 단축시킨 것으로 여겨진다. 후에 브라질 당국은 루스벨트의 탐험 정신을 기려 이 강을 '리오 루스벨트' 강으로 다시 불렀다.

역대 대통령 중 가장 많은 저서를 남긴 대통령답게 T. 루스벨트는 퇴임 후 많은 책을 썼다. 그것도 역사, 정치, 국제 문제, 자연과학, 그리고 오늘날 유행하고 있는 일종의 성공 서적 등 다양한 분야에 걸쳐 풍부한 식견을 내놓았다. 아프리카 탐험 후 기행문 성격의 작품인 *African Game Trials*(1910), 떠오르는 미국 새로운 국민주의의 역학 관계를 다룬 *The New Nationalism*(1910), 그의 역사관을 서술한 *History as Literature, and other Essays*(1913), 자서전인 *Theodore Roosevelt, An Autobiography* (1913), 브라질 탐험 후 야생의 생태를 기록한 *Through the Brazilian Wilderness*(1914), 아프리카에서 사냥했던 동물들의 생태를 다룬 *Life Histories of African Game Animals*(1914), 미국과 세계대전의 역학 관계를 다룬 *America and the World War*(1915), 성공을 하기 위한 개인적 노력을 요구하는 *Fear God and Take Your Own Part*(1916), 일반적인 가정 문제를 생각하게 하는 *The Foes of Our Own Household*(1917), 국제 문제를 다룬 *National Strenth and International Duty*(1917)이 있다.

또한 그는 1910년부터 1914년까지 잡지 『아웃룩*Outlook*』의 공동 편집자로 활동했으며, 1917년에는 신문 「캔자스시티 스타*Kansas City Star*」에 정기적으로 글을 기고했다.

1916년 대통령 선거에서 지난 선거의 지지자들이 다시 루스벨트를 지지하고자 했지만 그는 공화당의 찰스 휴즈를 지지했다. 미국이 중립을 포기하고 1차 대전에 개입을 선언하자, 루스벨트는 소위 '루스벨트 사단'을 창설하여 전쟁에 참전할 것을 윌슨에게 요구했다. 이에 대통령은 허락을 하지 않았다.

결국 루스벨트는 참전을 포기했으나 그의 막내아들 퀸틴을 공군 조종사로 유럽 전선에 내보냈다. 퀸틴은 프랑스 상공에서 공중전을 벌이다가 사망했다.

루스벨트는 죽기 하루 전날인 1919년 1월 5일에도 글쓰기를 멈추지 않았다. 그는 「캔자스시티 스타」에 보낼, 국제연맹을 승인해 줄 것을 요구하는 윌슨을 비판하는 글을 썼다. 그는 밤 11시에 잠이 들었고, 비서인 제임스 아모스에게 "불 좀 꺼 주시오"라고 말했다. 이것이 그의 마지막 말이었다. T. 루스벨트가 죽고 그의 침대 아래에는 그가 보고 있던 많은 책들이 있었다. 여기저기에 중요 표시가 되어 있는 채로 ……. 그는 죽는 순간까지 역동적으로 배우는 자세였다. 장례식은 요구대로 아주 간소하게 치러졌다.

태프트와의 아름다운 화해

사망하기 얼마 전 T. 루스벨트가 매우 기뻐한 일이 일어났다. 그것은 태프트와의 자연스러운 화해였다. 1916년 선거에서 공화당의 휴즈를 지지하면서, 그리고 전쟁에 대한 윌슨의 정책에 비판적인 견해를 내놓으면서 루스벨트와 태프트는 다시 친해졌다. 누가 먼저라고 할 것 없이 두 사람은 서로에게 편지를 보냈다. "친애하는 윌" "존경하는 루스벨트" 지난 선거 이후 두 사람은 단 한 번도 만나지 않았지만 서로에게 오는 편지를 기다렸다.[21]

1918년 5월 어느 날 태프트가 시카고에 있는 블랙스톤 호텔에 체크인을 하고 안으로 들어갔다. 그곳 호텔 식당에 루스벨트가 있는 것을 확인했다. 테이블에 홀로 앉아 있는 루스벨트를 보고 태프트는 그에게로 다가갔다. 루스벨트는 식사를 하면서 책을 읽고 있었다. 갑자기 조용해진 것을 인식한 루스벨트는 고개를 들고 자기 앞에 여전히 육중한 태프트의 모습이 어렴풋이 나타났다. 곧바로 그는 지난 과거의 문제를 모두 잊고 들고 있던 책을 놔두고 냅킨을 던지고 벌떡 일어나 악수를 청했다. 두 사람은 격렬한 악수를 했고 한참이나 서로의 등을 애정 있게 어루만졌다. 많은 사람들이 박수와 환호를 보냈다. 갑자기 자신들이 여러 청중들에 둘려 있는 것을 확인하고 두 전직 대통령은 그들에게 인사를 하면서 미소를 보냈다. 두 사람은 그 자리에 앉아 여러 시간을 활기 넘치는 이야기를 했다.[22]

선거에서 참패한 태프트, 그러나 즐거운 퇴임 대통령

대통령이 되기까지 임명직에만 있었던 태프트는 사실상 대통령이 되기보다 연방 대법원 판사가 되기를 원했다. 하지만 그의 친절한 친구 T. 루스벨트가 자신의 정책을 이어 줄 후계자로 생각하고 태프트를 대통령으로 만들어 주었다. 정치에 대한 분명한 철학도 비전도 가지 있지 못했던 태프트는 대통령이 되었지만 기업 논리와 공화당 보수주의자들의 강압에 휘둘려 루스벨트가 기대해 마지않았던 후계자가 되지는 못하였다.

그 결과 둘 사이의 관계는 심하게 금이 갔고, 급기야 정치를 은퇴하여 다시는 대통령 선거에 나오지 않겠다고 했던 루스벨트가 다시 대통령 선거에 도전하도록 했다. 분열된 공화당은 민주당의 윌슨에게 참패를 했다. 더욱이 현직 대통령이었던 태프트는 3등이라는 비참한 결과를 낳았다.

선거 결과, 유권자들에 의해 철저히 거부를 당했음에도 불구하고 태프트는 기가 꺾여 우울해지지 않았다. 그는 "나에게는 위안이 되는 하나의 일이 있습니다. 그것은 지금까지 그 어떤 후보도 이 정도의 압도적인 표 차로 전직 대통령을 이긴 후보는 없습니다. 내가 갈 길은 다른 곳에 있습니다"고 말했다.23) 백악관의 짐으로부터 벗어나는 것에 너무나 즐거워 한 그는 윌슨의 취임식을 기다리면서 수 년 동안 경험하지 못했던 행복감을 느꼈다. 예일 대학 법학부로부터 교수직을 제의받은 태프트는 언젠가 그토록 꿈이었던 대법원 판사직을 임명받을 수 있으리라 믿으며 이를 기꺼이 수락했다.

당시까지 백악관에서 물러난 후 태프트보다 더 생산적인 활동을 한 퇴임 후 대통령은 없었다. 태프트는 예일 대학에서 정부 관계법과 국제법을 강의했다. 그는 곧 학생들에게 가장 인기 있는 교수로 이름을 날렸다. 그는 수시로 연설을 하고 언론을 통해 글을 기고했다. 언젠가 그는 대통령직에 대한 자신의 신념을 다음과 같이 말했다. "미국 국민들은 대통령에게 사회에 대한 태만죄와 너무나 부지런하여 월권 행위를 하는 죄를 모두 책임 지우는 경향이 많습니다. 사실상 대통령은 비를 오게 하는 구름을 만들 수 없습니다. 또한 대통령은 옥수수를 무턱대고 잘 자라도록 할 수 없습니다. 대통령은 기업이 사업을 잘 되도록 만들 수도 없습니다."24)

1916년 선거에서 그는 공화당의 휴즈를 지지했고, 그 후 제 1차 세계대전에서 참전을 결정한 윌슨을 지지했다. 누군가 정치계로의 복귀 가능성에 대해 전직 대통령 태프트에게 물었다. 이에 그는 너무나 쉽게 다음과 같은 대답을 했다. "나는 이제 존경받는 전문 분야에서 일을 하고 있다."25) 미국이 제1차 세계대전에 개입하게 되자, 그는 국가전쟁노동위원회(War Labor Board)의 공동 의장으로 일을 했다.

태프트 역시 T. 루스벨트와 화해한 것을 기뻐했다. 1918년에 시카고에서 우연히 만나기 전에도 태프트는 옛 친구와 서신을 교환하며 안부를 물었다. 그는 루스벨트가 죽기까지 자주 연락을 하며 옛 친구와의 정을 나누었다.

가장 행복한 시간, 연방 대법원장이 되어

1920년 선거에서 공화당의 워렌 하딩을 지지한 태프트는 1921년에 새로운 임명직 경력을 하나 더 첨가했다. 그러나 이 경력은 기존의 다른 경력과는 달랐다. 왜냐하면 태프트가 사실상 대통령보다 더 되고 싶었던 공직이었기 때문이다.

대통령에 당선된 하딩은 한 퇴임 대통령의 일생의 소망이자 야심이었던 연방 대법원장에 태프트를 임명하였다. 그 후 9년 동안 그는 일생에서 가장 행복한 시간을 보냈다. 당시 자유 성향의 대법원 판사로 유명한 올리브 웬델 홈즈Oliver Wendell Holmes와 루이스 브랜다이즈Louis D. Brandeis는 봉착되어 있는 소송 사건을 가능한 한 빨리 재판하고, 판결은 확고하게 해야 하며, 그리고 대법원 판사들끼리 어느 정도 평등을 유지해야 한다는 것을 강력히 주장하고 있었다. 태프트의 온화하고 친절한 행동은 다수를 차지하고 있는 완고하고 보수적인 판사들과 자유적인 판사들 사이의 갈등을 해소하는 일종의 윤활유 역할을 했다. 대통령으로는 무기력했던 태프트는 대법원장으로서는 너무나 역동적이었다. 그는 대법원장으로 있으면서 무려 253건에 대해 자신의 소신대로 판결문을 썼고, 모든 판결문 중 6분의 1은 그가 판사석에 있을 때 썼다. 그가 대법원장 임기 동안 더할 나위 없는 영광스러운 결과는 의회가 대법원이 새로운 단독 건물을 짓도록 승인했다는 것이다. 대리석으로 만들어진 이 건물은 구의사당 감옥 터에 세워졌다. 이곳은 남북전쟁 동안 영장이 발부되지 않은 죄수들이 투옥되어 있었던 곳이었다.

태프트는 대법원장에 임명된 지 오래지 않아 옥스퍼드 대학에서 명예 학위를 받았다. 런던에 있는 동안 그는 영국 황태자로 곧 에드워드 8세King Edward VIII가 된 영국 왕을 비롯한 여러 고위 인사들을 만났다. 정치 감각이 다소 명확하지 못하다고 할 수 있는 황태자는 태프트에게 "대통령을 퇴임한 후 어떤 장관직을 맡거나 그 어떤 다른 일을 하시지 그랬어요?"
라고 말했다.

생활 습관병

1930년 2월 72세의 태프트는 건강 악화로 너무나 사랑한 법정을 떠나지 않을 수가 없었다. 평균 130킬로그램의 몸무게를 유지한 태프트는 역대 대통령 가운데 가장 뚱뚱한 대통령이었다. 그는 음식을 먹고 10여 분이 지나면 저절로 고개가 굽어졌다. 많은 잠을 자는 데 비해 움직임은 거의 없었다.

오늘날의 의학 상식으로 보면 그는 소위 생활 습관병을 고스란히 가지고 산 사람이었다. 그는 동맥경화증, 고혈압, 방광염, 그리고 심장병을 앓았다. 법정을 떠난 지 한 달 후 그는 치명적인 심장병으로 사망했다.

그의 장례식은 간단하게 치러졌지만, 당시 미국 가정에 널리 보급되고 있었던 라디오를 통해 최초로 방송되었다. 태프트는 알링턴 국립묘지에 안장되었다. 그는 미국 대통령으로 처음으로 국립묘지에 매장된 대통령이 되었다. 그 후 존 F. 케네디가 알링턴에 안장된 또 다른 대통령이 되었고, 지금까지 알링턴에 안장된 대통령은 이 두 대통령뿐이다.

퇴임 후에도 계속된 정치 활동

못다 이룬 정치적 꿈을 위해, 존 퀸시 애덤스

미국 제6대 대통령 존 퀸시 애덤스는 제2대 대통령 존 애덤스의 아들이다. 지난 선거에서 가까스로 잭슨을 이긴 애덤스는 1828년 선거에서 인기 넘치는 대중적인 전쟁 영웅인 앤드류 잭슨과 상대가 되지 못하였다. 잭슨의 지지자들은 이미 4년 전부터 선거운동을 해 왔다. 퀸시 애덤스는 미국 대통령 평가 순위에서 중간 성적을 받고 있다. 여론조사에 참가한 전문가들은 칭찬과 비판을 동시에 했다. "너무나 과소평가받은" "별로 중요치 않은 애덤스는 우리 역사의 장식에 불과하다" "진실한 국민, 위대한 사람이지만 그러나 위대한 대통령이 아

난" "훌륭한 지성과 뛰어난 공복公僕, 그러나 서투른 대통령" 등으로의 평가였다.[26]

아버지와 같이 현직 대통령으로 야당 후보에게 패한 퀸시 애덤스는 패배로 인한 분을 참을 수가 없었다. 심지어 그는 후임자인 앤드류 잭슨의 취임식에도 참석하지 않았고 3개월간 워싱턴을 떠나지도 않았다. 6월이 되어서야 그는 매사추세츠에 있는 가족 농장으로 퇴임했다. 하지만 퀸시 애덤스는 아버지의 조용하고 목가적인 생활과는 달리 정치에 대한 자신의 못다한 꿈을 이루고자 노력했다. 퇴임 후 그는 곧바로 정치를 재개했고, 1830년에 매사추세츠주 연방 하원의원으로 당선되어 자신의 제2의 정치 인생을 출발했다. 지금까지 퀸시 애덤스는 대통령 퇴임 후 연방 하원의원에 봉직한 유일한 대통령이다.

그것도 무려 17년 동안 원로 정치가로 연방 하원의원으로 일을 하면서 퀸시 애덤스는 많은 업적을 남겼다. 항상 소수파에 속해 있으면서 애덤스는 노예제 반대, 텍사스 병합 반대, 멕시코 전쟁 반대 등을 앞장서서 이끌었다. 그는 멕시코 영토에 대한 정복 계획을 남부 주들이 노예제도를 확장시키기 위한 도발에 불과하다고 보았다.

의회 활동으로 연이은 패배를 거듭했지만 드디어 애덤스는 승리를 했다. 그는, 계속된 반노예제도를 위한 청원은 "토론으로건 행동으로건 거론될 수 없다"는 1830년의 소위 "함구령 (gag rule)"을 폐지하기 위해 수 년 동안 투쟁했다. 그러나 의회는 오히려 반노예제도 청원서를 연방 하원에 제출하는 것조차도 금지하는 등 함구령을 더욱 강화시켰다. 이러한 조치는 청원을 할 수 있는 제1차 수정헌법을 위반하는 것으로 비헌법적이라 믿은 애덤스는 계속된 투쟁을 통해 1844년 궁극적으로 하원의 금지령을 폐지하는 데 성공했다. 몇 년 전에 그의 입장을 지지하던 하원의 지지자들은 그에게 "승리를 위한 청원권(Right of Petition Triumphant)"이라는 글이 진지하게 새겨진 지팡이를 선물했다. 이 지팡이에 날짜를 적어 두기 위한 곳은 새기지 않고 그대로 두었다. 그리하여 "함구령"이 취소되자마자 그 지팡이에 날짜가 "1844년 12월 3일"로 새겨졌다. 이에 애덤스는 주도적으로 이 일을 완수한 것에 대해 자부심을 가지고 그 지팡이를 미국 국민들에게 영원히 남겼다.

퇴임 후에 퀸시 애덤스는 대통령 재임 시 시행하고자 했던 또 하나의 꿈을 이루었다. 1843년에 신시내티 국립 천문관측소의 개소를 보면서 그는 큰 만족감을 표시했다. 1841년에 애덤스는 대법원에서 스페인 함선 아미스타드Amistad에서 반란을 일으킨 아프리카 흑인들이 노예 상태로부터 자유를 얻어내기 위한 변론에서 승리했다. 그는 또한 의회를 설득했고 연방 정부는 1846년에 죽은 영국의 과학자 제임스 스미손James Smithson의 유산─미국이 스미소니언 협회(Smithsonian Institution)를 창설하도록 50만 달러를 기증─을 집행했다.

퇴임 후 애덤스는 지적인 활동도 활발하게 전개하여 두 권의 책을 썼다. 중세 역사에 대하여 다룬 *The Conquest of Ireland:*

*An Historical Tale of Twelfth Century*와 자신보다 앞서 대통령을 지낸 매디슨과 먼로의 전기인 *The Lives of James Madison and James Monroe*가 그것이다.

애덤스는 멕시코 전쟁을 강하게 반대하다가 갑작스레 뇌졸중을 일으켜 의사당에 쓰러졌다. '능변의 원로(Old Man Eloquent)'로 알려진 애덤스는 이틀 후 1848년 2월 23일에 사망했다. 그의 마지막 말은 "이제 이 세상에서 마지막입니다. 나는 만족합니다"이었다.[27] 사실 존 퀸시 애덤스는 퇴임 후에 그 어떤 다른 대통령들보다 더욱 많은 활동을 했고, 공적 생활에서 더많은 것들을 이루었다. 훌륭한 지식을 소유한 그는 대통령으로 많은 것을 이루고자 했지만 정치력과 리더십이 부족하였다. 그래서 그는 퇴임 후에 더 많은 활동으로 대통령 재임 시 못다 이룬 꿈을 이루었다.

여우처럼 유리한 편에 서 정치의 언저리를 떠나지 못한 마틴 밴 뷰런

뷰런은 앤드류 잭슨의 후광으로 대통령이 되었지만 한편으로 잭슨 때문에 대통령 재선에 실패했다. 잭슨의 미국 은행에 대한 정책 등 일련의 경제 정책의 실패는 뷰런 임기 4년 동안 검은 그림자처럼 따라다녔다. 그 결과 1840년 다시 대통령에 도전한 뷰런은 심각한 경기 침체 속에서 휘그당의 윌리엄 헨리 해리슨에게 패배했다.

패배를 인정할 수 없었지만 뷰런은 후임자 해리슨의 취임식에 참석하고 곧바로 워싱턴을 떠나 뉴욕의 킨더훅에 있는 200에이커에 달하는 농장에서 전원생활을 즐겼다. 4년 뒤 친구들과 미주리 유권자들의 적극적인 권유로 대통령 선거를 위해 준비에 돌입했다. 그러나 그동안 그는 잭슨이 적극적으로 추진한 텍사스 병합을 반대하여 잭슨과 남부 민주당원들로부터 지지를 받지 못하게 되었다. 결과적으로 전당대회에서 잭슨의 지지를 받은 제임스 포크가 민주당 후보가 되어 대통령에 당선되었다.

포크가 그에게 영국 대사직을 제안했지만 거절했다. 그보다 그는 뉴욕주의 정치 후원자 자리가 더욱 흥미 있었다. 1846년에 그는 준부에서 노예제도를 금지하는 월모트 조항(Wilmot Proviso)을 지지하며 노예제 폐지를 주장한 민주당원으로 휘그당을 지지했다. 그 결과 휘그당원이 대거 참석한 제3당인 자유토지당(Free Soil Party)의 창당대회에 참석하여 대통령 후보로 지명받아 또 다시 대통령에 도전했다. 하지만 뷰런은 전쟁 영웅으로 인기가 있었던 기존 휘그당의 재크리 테일러에게 패배하고 다시 민주당으로 복귀했다.

뷰런은 1952년 선거에서 민주당 피어스의 선거인단으로, 1856년에는 뷰캐넌의 선거인단으로 활동했다. 1860년 선거에서 자유토지당원들이 대부분 링컨을 지지했는데 뷰런은 더글러스를 지지했다. 하지만 전쟁이 일어난 후 그는 다시 링컨을 지지했다.

자신의 정치적 소신보다 앤드류 잭슨의 후광을 업어 대통령이 된 그는 항상 유리한 편에서 정치를 했다. 그래서 사람들은 부정적인 의미로 그를 '킨더훅의 붉은 여우'로 부르고 있다.

죽어도 정치를 하면서 죽고 싶다, 앤드류 존슨

1860년 노예제도를 반대하는 공화당의 링컨이 대통령에 당선됨으로써 남부의 여러 주들은 연방을 탈당하기 시작했다. 섬터 요새의 위기 속에서 남북전쟁이 발발했다. 거의 모든 남부 주와 남부의 인사들이 남부동맹으로 결집했다. 하지만 민주당 출신으로 남부 테네시주 연방 상원의원인 앤드류 존슨은 연방 보존을 주장하며 링컨을 지지했다. 이에 링컨은 1862년에 존슨을 테네시주 군정 지사로 임명하였다. 존슨은 군정 지사로 있으면서 주법을 수정하여 노예제도를 폐지했다. 남부로부터 아무런 지지도 받지 못하고 있었던 링컨으로서는 존슨이 너무나도 고마운 인물이었다.

전쟁이 북부의 승리로 끝나 갈 즈음 치러진 1864년 선거에서 링컨은 비록 당이 다르고 공화당 주류들의 반대에도 불구하고 존슨을 부통령 후보로 지명했다. 그러나 대통령에 취임하고 며칠이 지난 4월 링컨이 암살되고 존슨은 그야말로 갑자기, 그리고 그 누구도 전혀 예상치 못하게 대통령이 되었다. 이것이 문제였다. 공화당 급진파가 의회의 다수를 차지하고 있는 상황에서 민주당 출신이 대통령을 하게 되었다. 시간이 지나면서 존슨과 공화당 급진파 간의 갈등이 증폭되었다. 처음엔 재건 정책을 놓고 존슨은 의회의 정책이 너무 가혹하다고 반대했다. 반면 의회는 대통령의 정책이 너무나 온건하다고 비난했다. 급기야는 공화당 급진파는 '공직보장법(Tenure of Office Act)'을 통과시켜 존슨 내각에 남아 있었던 유일한 의회 지지 세력인 전쟁장관 에드윈 스탠턴Edwin M. Stanton을 보호하고자 했다. 하지만 존슨은 이것을 대통령의 고유 권한에 대한 도전이라 생각하고 스탠턴을 해임해 버렸다. 이 사건을 계기로 앤드류 존슨은 탄핵 재판에 회부되었고, 상원의 투표 결과 단 1표 차로 부결되어 남은 임기 동안 대통령직을 유지할 수가 있었다.

결국 대통령 임기를 마칠 때에 존슨은 공화당에서도 그리고 남부 중심의 민주당에서도 환영을 받지 못했다. 1868년 선거에서 어느 당이든 후보가 되어 출마하고자 했지만 공화당은 전쟁 영웅 그랜트를 후보로, 민주당은 세이모어를 후보로 내세웠다.

존슨은 정치 현장인 워싱턴을 정말 떠나고 싶지 않았다. 그는 일종의 분노 속에서 후임자 그랜트의 취임식에도 참석하지 않았다. 하지만 어찌하랴. 그는 8년 전 연방을 지지했다는 이유로 온갖 비난을 받은 테네시로 돌아가지 않을 수가 없었다. 8년 전에 '반역자, 앤드류 존슨'이 이제는 '애국자, 앤드류 존슨'으로 바뀌었다.[28] 존슨이 온건한 재건 정책을 주장하며 남부와 민주당을 위해 노력했다는 이유였다.

예상치 못한 주민들의 대대적인 환영에 고무된 존슨은 자신의 정치에 대한 미련(대통령직에 대한 변명과 테네시주를 위한 노력)을 채우기 위해 1871년 연방 상원의원에 출마했으나 실패했다. 이때 그는 "나는 이 세상에서 가장 큰 나라의 군주가 되기보다 의회에서 이 늙은 몸을 불태움으로써 나의 주를 대변하고 싶다. 나는 이것을 위해 살 것이고 이것이 없이는 결코 죽지도 않을 것이다"[29]라고 선언했다. 이듬해에 그는 연방 하원의원에 출마했으나 또 실패했다. 1872년 대통령 선거에서 민주당의 그릴리를 지지했다.

1875년 선거에서 존슨은 그토록 원했던 연방 상원의원이 되었다. 존슨은 연방 상원의원이 된 유일한 퇴임 대통령이 되었다. 그 해 3월 존슨은 그랜트 행정부의 재건 정책에 대해 혹독한 비난을 하는 등 나름대로 의정 활동을 열심히 했으나 당시 유행했던 풍토병인 콜레라에 감염되고 말았다. 그는 죽으면서 다음과 같은 말을 했다. "나는 하느님과 내 나라와 내 가족에 대한 의무를 다했다. 나는 죽는 것이 두렵지 않다. 나에게 죽음은 하느님의 보호 아래로 들어가는 것이다. 이제 나는 조용하고 평화롭게 쉬고 싶다. 비방과 혹평을 초월하고, 질시하는 적들을 초월하여, 배반과 위선이 도달할 수 없는 곳에서 편히 쉬고 싶다."[30] 그의 말에서 우리는 존슨 자신에 대한 변명과 너무나 힘들었던 지난날의 정적들과의 무자비한 싸움을 회고를 볼 수 있다.

대공황 때문에 인기 없는 대통령으로 퇴임했지만 정치적인 일이 좋아, 후버

1929년에 갑자기 닥쳐 온 대공황은 하딩 – 리지 – 후버로 이어지는 공화당 출신의 대통령 시대를 끝나게 만들었다. 후버는 대공황을 타개하기 위해 나름대로 최선을 다했지만 이미 시대는 정책이 아니라 새로운 인물을 원하고 있었다. 민주당의 프랭클린 루스벨트(FDR)가 시대를 대변하는 인물로 등장했다.

후버는 1933년 FDR의 취임식에 참석한 후 곧바로 고향인 캘리포니아로 돌아가지 않았다. 그는 워싱턴의 아스토리아 호텔에 머물면서 뉴딜정책을 강하게 비판했다. 특히 소련을 인정하고 대법원 개혁을 추구하는 FDR을 파시스트적이라고 비난했다. 심지어 그는 뉴딜을 비판하는 보수 단체인 자유연맹에 가입하여 적극적인 활동을 했다.

1938년에 후버는 유럽을 여행하면서 히틀러를 만났는데, 이 만남 이후 그는 "히틀러는 약간 미친 경향이 있지만 매우 지적이고 아주 박식한 인물이다"라고 말했다.[31] 제2차 세계대전이 발발하자 미국의 전쟁 개입을 적극적으로 반대하다가 일본의 진주만 기습 후에 입장을 달리했다.

전쟁 동안 그는 FDR로부터 폴란드, 핀란드, 벨기에 등의 구조 단체의 의장직에 임명되어 활동했다. 그는 1945년 트루먼의 원자탄 투하 계획을 반대했다. FDR도 트루먼도 민주당 출신 대통령이었지만 후버의 능력을 높이 샀다. 트루먼이 후버를 소위 '1차 후버 위원회'의 위원장으로 임명했다. 이 "행정부 조직 위원회"에서 후버는 총 273개의 개혁안을 제시했고, 트루먼은 그중 대부분을 수용했다. 1953년 아이젠하워 역시 그를 '2차 후버 위원회'의 위원장으로 임명했다. 이 "정부 운영 위원회"에서 후버는 무려 314개의 개혁안을 제시했고, 아이젠하워 역시 그중 대부분을 수용했다.

트루먼은 미국의 한국전 참전에 반대를 하는 등 끊임없이 정치에 대한 관심을 표명했다. 그 후 1964년 죽기까지 후버는 공개적으로 매번 공화당 후보를 지지했다.

정치보다 개인적인 활동이 더 좋아

사업을 하다 무일푼으로 죽어 간 그랜트

 군인으로, 사업가로 신통하지 못했던 그랜트는 남북전쟁이 시작되면서 운명이 바뀌었다. 링컨은 전쟁을 승리로 이끌 장군을 찾던 중 그랜트를 적임자로 선택했고, 그랜트는 남부의 로버트 리로부터 '무조건 항복'을 받아 냄으로써 이에 부응했다. 1868년 선거에서 그랜트는 전쟁 영웅이라는 대대적인 인기를 업고 쉽게 대통령에 당선되었다. 그랜트는 1872년에 대통령에 재선되었으나 전쟁터를 누비는 장군으로서의 능력과 달리 대통령으로서의 능력은 별로였다. 사실 그랜트는 대통령이 되기 전에 군인과 실패한 사업가의 경력 이외는 아무 경력도 가지고 있지 않았다. 초대 대통령 워싱턴이 두 번의 임기의 전통을 세우고 퇴임한 이래로 두 번 이상을 하지 않는 것이 불문율로 지켜져 오고 있었다. 그럼에도 불구하고 그랜트는 3선에 도전하고자 했다. 하지만 그의 재임 기간 발생한 수많은 부정부패 사건은 공화당 주류들뿐만 아니라 국민들로부터 외면당하는 결과를 낳았다.

그랜트는 후임자 라더포드 헤이즈의 취임식에 참석한 후 워싱턴을 떠나지 않았다. 그는 곧바로 가족을 동반하여 유럽, 아시아, 아프리카를 돌아다닌 광범위한 여행을 했다. 이 여행에서 그는 교황 레오 13세와 영국의 빅토리아 여왕을 만나 환담했다. 1879년에 존 영John Young이 그의 여행기인 *Around the World with General Grant*를 펴냈다. 귀국 후 곧바로 그랜트는 또 다시 쿠바와 서인도 제도, 그리고 멕시코를 여행했다. 1880년이 되어서야 그랜트는 워싱턴을 떠나 일리노이주 갈레나로 은퇴했다.

그랜트는 1881년에 뉴욕시로 이사했다. 그곳에는 버크라는 별칭을 가진 아들 그랜트 주니어가 살고 있었다. 버크는 통 큰 사업가로 장인인 재롬 새피가 당시로서는 너무나 큰돈인 10만 달러를 주며 월스트리트의 투자 전문가 페르디난드 워드와 증권사를 세워 동업을 하도록 했다. 초기에 '그랜트와 워드 사'는 대대적인 성공을 거두었다. 아들 버크뿐만 아니라 많은 사람들이 워드를 금융의 천재로 칭찬했다. 결국 퇴임 대통령은 일생 동안 모은 모든 재산은 물론 철도와 다른 사업으로 많은 돈을 번 밴드빌트로부터 거액을 빌려 이 회사에 투자했다. 그러나 곧바로 이 워드의 부정이 밝혀지면서 주가는 폭락했고, 회사는 문을 닫았다.

무일푼 신세가 된 그랜트는 설상가상으로 몸이 아파 왔다. 그는 지독한 담배 애호가로 유명하다. 대통령 재임 시 담배업자 한 사람이 무려 2만 갑을 선물로 보낸 온 일이 있었다. 백악관에서 그랜트는 질이 좋았던 이 담배를 혼자 피웠던 것으로 보인다. 백악관을 찾아 온 다른 사람에게는 질이 좀 떨어지는 다른 담배를 권했다고 한다. 담배가 원인이 되었는지 모르지만 그랜트는 후두암에 걸렸다. 말도 제대로 하지 못하는 지경에서 그랜트는 아내를 책임져야 하는 절박함이 다가왔다.

이를 불쌍히 여긴 인기 있는 흥행사였던 바넘P. T. Barnum이 그랜트에게 다음과 같은 제안을 했다. "만약 그랜트가 전투에서 획득한 각종 트로피와 깃발, 그리고 세계 각지에서 모은 기념품을 서커스 공연을 하는 동안 전시를 해 준다면 행사 때마다 매번 10만 달러와 흥행 수입에 따라 더 많은 돈을 주겠다." 그러나 그랜트는 이 제안을 거절하고 이것을 밴드빌트에게 진 빚을 청산하는 데 사용했다.

그랜트는 잡지 『Century』에 전쟁에 관한 기사를 연재하면서 어렵게 생활했다. 그러던 중 당시 웹스터 출판사의 소유주이자 극작가로 유명한 마크 트웨인이 그랜트에게 자서전을 출판하는 조건으로 2만5000달러와 로열티 25%를 주겠다고 제안했다. 이에 그랜트는 동의를 했다. 그는 죽기 전까지 자서전의 완성을 위해 엄습해 오는 목의 고통을 참았다. 1884년 말에 그는 이미 목소리를 상실했고 고통 없이는 음식물을 삼키지 못했다. 암세포가 이미 대동맥까지 퍼졌고 90킬로그램이었던 몸무게가 58킬로그램으로 줄어들었다. 그는 고통을 없애기 위해 코카인을 흡수하면서 마지막 자서전을 완성했다.

아내는 남편의 장례식을 간소하게 하고자 했으나 약 100만 명 이상이 조문했다. 그의 시신은 뉴욕 알바니 임시 묘지에 있다가 1897년이 되어서야 매킨리 대통령의 지시에 의해 허드슨 강변의 그랜트 묘지에 안장되었다. 최근에는 그랜트 묘지를 돌보지 않아 황량한 상태로 있다고 한다.

공화당 급진파에 휘둘려 정치가 싫어진 해이즈

사실상 1876년 선거는 민주당의 새뮤얼 틸든이 승리했다. 그러나 틸든은 선거인단 투표에서 단지 1표가 모자라 과반수를 얻지 못하였다. 이로 인하여 선거 결과에 대한 발표가 늦어졌다. 결국 남부 민주당원들이 남북전쟁 후 남부에 대한 처벌 개념으로 시행된 군정을 철회하는 조건으로 공화당의 해이즈를 지지하게 되었다. 자의는 아니었지만 해이즈는 미국 대통령 선거사에서 대통령직을 도둑질한 대통령으로 남게 되었다. 해이즈는 대통령에 취임하면서 4년 뒤에는 은퇴하겠다고 선언했다. 후임자 가필드의 취임식에 기쁜 마음으로 참석한 후 해이즈는 오하이오 프리몬트의 농장으로 돌아갔다. 그곳에서 해이즈는 비록 공적인 일에는 관심을 표명했지만 더 이상 정치에는 관심이 없었다. 대통령직을 떠나면서 해이즈는 한 친구에게 "나는 속박으로부터 벗어나 자유로운 사람이 된 것에 너무나 감사하고 있습니다. 대통령이라는 짐은 결코 가벼운 것이 아니었습니다. 나는 말입니다. 자유로운 사람이 된 것에 너무나 감사하고 있습니다"라는 편지를 썼다.[32]

그는 당시에 진행되고 있었던 여성 참정권 운동을 반대했고 금주법 시행을 강력히 주장했다. 특히 그는 흑인들의 교육을 장려했는데, 조지 피버디George Peabody 교육 기금과 존 슬레이터John Slater 기금을 만들어 운영했다. 그가 개인적으로 장학금을 준 사람 중에는 훗날 유명한 흑인 지도자가 된 듀보아W. E.B. DuBois도 있었다. 그 후 오하이오 주립대학과 여러 다른 대학의 평의원으로 활동하였다. 또한 국립교도소 협회를 조직하여 범죄자들의 처벌보다 갱생이 훨씬 중요하다고 주장했다.

1893년 해이즈는 죽으면서 모든 재산을 자식들에게 유산으로 남겼지만 자녀들은 아버지의 전재산을 '오하이오 고고학과 역사협회'에 기증했다. 또한 농장은 1910년에 오하이오 주 정부에 기증되었다.

나에게 더 이상의 정치는 의미가 없다, 클리블랜드와 쿨리지

클리블랜드

클리블랜드는 남북전쟁 이후 공화당이 지배하던 시기에 유일한 민주당 출신 대통령이었다. 그는 뉴욕의 '태머니 홀 Tammany Hall' 등과 같은 부패한 조직을 정화하고자 하는 노력에서 민주당은 물론 공화당에서 많은 지지를 얻어 대통령에 당선되었다. 그러나 친기업적인 공화당의 고율 관세 정책에 대해 클리블랜드가 강하게 반대하면서 1884년 선거에서 공화당의 벤저민 해리슨에게 패배했다.

일반 투표에서 9만 표를 더 얻었지만 선거인단에서 패배한 그는 인정하고 싶지 않았지만 어쩔 수 없었다. 해리슨의 취임식에 참석한 후 뉴욕으로 돌아가 변호업을 하면서 4년 후를 예약했다. 1888년 선거에서 그는 현직 해리슨을 눌러 다시 돌아온 대통령이 되었다. 그러나 해리슨 행정부의 방만한 경제 운영으로 인하여 클리블랜드가 취임한 1889년에 미국은 심각한 경기 침체를 겪었다. 약 400만 명이 실직했고, 은행이 파산했으며, 주식시장이 붕괴했다. 이러한 상황 속에서 클리블랜드의 두 번째 임기는 인기가 없었다.

후임자 매킨리의 취임식에 참석한 후 이번에는 뉴저지주의 프린스턴으로 은퇴했다. 그곳에서 그는 일체의 정치 활동을 개입하지 않을 것이라 다짐하고 프린스턴 대학에서 교수로 일을 했다. 1901년에는 대학 평의원으로 활동했고, 1904년에는 평의회 의장으로 일을 했다. 이때 당시 프린스턴 대학 총장이었던 우드로 윌슨과 대학 정책을 두고 충돌하기도 했다. 그 후 유명한 잡지인 *Saturday Evening Post*에 많은 글을 기고했다. 1906년에는 생명보험회사 협회의 조직을 위한 컨설턴트로 일

했으며, 이듬해는 연봉 2만5000달러를 받고 생명보험회사 사장단 협회 회장직을 수행했다.

1908년 6월 24일 죽으면서 그는 "나는 옳은 일을 하기 위해 무진장 애를 썼다"[33]는 마지막 말을 남겼다.

쿨리지

쿨리지는 1928년 다가오는 대통령 선거에서 당연히 출마할 것으로 생각되었다. 하지만 그는 "나는 대통령에 출마하지 않겠습니다"라는 짧은 글을 남기고 후임자 후버의 취임식에 참석한 후 매사추세츠로 퇴임했다. 왜 그가 대통령에 출마하지 않았는가에 대한 수많은 추측이 분분했지만 밝혀진 사실은 없다. 건강상의 문제와 그 스스로는 다가오고 있는 경제 위기를 미리 알았기 때문에 이를 모면하기 위한 것이었다고 하는 의견이 있다.

퇴임 후 쿨리지는 정치에 대해 조금도 관심을 보이지 않았다. 그는 자서전과 여러 잡지에 글을 기고하면서 세월을 보냈다. 1930년 공황이 심화되고 있을 당시에 그는 뉴욕생명보험사의 이사로 활동했다. 1932년 후버의 재선을 위해 노력했지만 적극적이지는 않았다.

대통령 3선 금지와 평범한 시민 트루먼

프랭클린 루스벨트는 4선의 대통령이 되었다. 이는 워싱턴

이후 지켜져 온 무언의 3선 금지가 깨지는 결과를 낳았다. 누구나 특수한 상황을 이해하면서도 트루먼과 당시의 의원들은 이를 명문화할 필요성을 느꼈고, 1951년 2월 결국 수정헌법 제22조를 통해 대통령 3선 금지가 명문화되었다.[34]

따라서 트루먼 이후에 그 누구도 3선은 금지되었다. 트루먼 이후 퇴임 대통령들은 단지 자신이 좋아하는 후보를 지지하는 정도의 정치 활동에 국한할 수밖에 없었고, 그 누구도 3선에 대해서는 관심을 둘 수가 없었다. 자연적으로 트루먼 이후의 퇴임 대통령들은 개인적 활동과 사회적 활동에 집중했다.

트루먼은 1949년 초에 대통령에 취임하면서부터 3선 도전을 하지 않을 것을 다짐했다. 이 다짐은 3선 금지 조항이 당시 발의는 되어 있었지만(1947년에 3월에 발의) 아직 비준이 되어 있지 않은 상태에서 몇몇 측근들만 알고 있었던 매우 민감한 사안이었다. 트루먼 스스로는 초대 대통령 워싱턴이 무언의 약속으로 세워 놓은 3선 금지를 너무나 당연한 것이라 생각하고 있었다.

트루먼의 글 그 어디에도 워싱턴과 같은 사람이 되고자 하는 내용은 없지만 그 스스로는 워싱턴의 퇴임 후를 존경한 것은 분명한 것 같다. 그저 평범한 농민으로 돌아간 워싱턴처럼 트루먼 역시 그저 평범한 보통 시민이 되고자 노력했고, 그 결과가 트루먼이 도서관을 만들어 일반 시민들과 평범한 인간관계를 나눈 것이 아닌가 생각한다.

1952년과 1956년 선거에서 트루먼은 아들라이 스티븐슨을 지지했다. 하지만 두 번 모두 스티븐슨은 전쟁 영웅인 공화당의 아이젠하워에게 패배했다. 1953년 후임자 아이젠하워의 취임식에 참석한 후 트루먼은 고향인 미주리주 인디펜던스로 퇴임했다. 퇴임 후 트루먼은 가능한 정치적인 일로부터 물러나 있었다. 1960년 선거에서 민주당 후보 케네디가 너무 미숙하다는 이유로 처음에는 반대했지만 결국 지지로 돌아섰다. 1964년에는 그리스 국왕 바울 1세의 장례식에 미국 대표로 참석하기도 했다. 트루먼은 1965년에 노인의료보험(Medicare Act)에 서명한 린든 존슨 대통령을 극도로 찬양했다. 이에 존슨은 국가 건강보험 문제에 관심을 쏟은 트루먼에 이에 대한 업적이 있음을 강조했다.

트루먼은 퇴임 시간 대부분을 고향 언덕에 만들어진 '트루먼 대통령 도서관'에서 보냈다. 퇴임 후 약 20년을 도서관 가까이 살면서 매일 아침 걸어서 도서관까지 출근을 하며 평범한 사람들과 인사하고 대화를 나누었다. 도서관에서의 생활 또한 일반 시민과 다를 바가 없었다. 그는 스스로 전화를 받으면서 지역 주민의 기쁨과 슬픔을 나누었다. 퇴임 후 트루먼이 3권의 회고록을 집필한 곳도 바로 도서관에서였다. 그는 1955년에 *Year of Decisions*를, 1956년에 *Years of Trial and Hope*를, 1960년에 *Mr. Citizen*을 집필했다. 1972년 12월 사망한 그는 소박한 장례식을 마친 후 트루먼 도서관 앞마당에 마련된 묘지에 안장되었다.

트루먼 이후 아이젠하워, 린든 존슨, 닉슨, 포드, 카터, 레이건, 부시, 클린턴은 모두 퇴임 후 각자의 고향으로 돌아갔다. 이들은 대부분 자서전과 회고록을 집필하는 데 많은 시간을 보냈다. 자신의 이름을 딴 도서관과 연구 센터는 정치가 아닌 다른 분야에서의 활동을 하는 데 많은 기여를 하고 있다. 가령 린든 존슨 도서관은 시민권 연구에 많은 기여를 했다. 포드 연구 센터는 아내 엘리자베스의 노력으로 알코올 문제와 마약 문제를 다루는 연구 센터로 유명하다. 텍사스에 자리 잡은 부시 도서관이자 박물관은 대통령 시절 각종 자료가 보존되어 있고, 특히 아동 교육에 대한 연구가 활발하게 진행되고 있다. 카터 연구 센터는 세계 평화를 위한 카터의 다양한 활동, 자원 봉사 등의 근간을 마련하는 데 큰 기여를 하고 있다. 레이건 도서관은 그가 앓은 알츠하이머 연구의 보고가 되고 있다. 2004년 고향 아칸소 리틀락에 개관한 클린턴 도서관에서는 주로 국제 환경 문제 등에 대한 연구가 활발하게 이루어지고 있다.

대통령은 실패, 퇴임 후는 성공, 지미 카터

지미 카터는 혜성과 같이 나타나(그가 대통령에 출마한다고 선언했을 때 유권자들의 단 2%만이 그의 이름을 알고 있었다) "더 이상의 워터게이트는 없습니다"라는 말로 대통령에 당선되었다. 닉슨의 워터게이트 사건은 많은 미국의 유권자들로 하여금 대통령으로서의 자질과 능력보다 단지 도덕성만을 강조하는 데 눈이 멀도록 만들었다. 카터가 대통령으로서의 아무런 검증이 되지 않을 상태에서 유권자들은 '거짓말을 하지 않겠다'는 말에 현혹되어 카터를 미국 대통령으로 선택했다.

그러나 당선 후 카터는 눈덩이처럼 불어나는 정치와 경제, 외교 현안들을 어떻게 효율적으로 처리해야 할지 몰랐다. 실업률과 인플레이션의 증대, 세금의 증대, 석유 파동 등의 경제문제에서 카터는 무엇을, 어떻게, 우선 순위로 해결할 것인지를 결정하지 못했다. 카터는 대통령을 추방시키기까지 한 의회가 막강한 힘을 보유하고 있음에도 불구하고 기존 의회는 부패의 소굴이며 자신만이 도덕적으로 깨끗하다는 주장을 펼쳐 의회와의 협력을 이루지 못했다. 심지어 카터는 언론과 사법부와도 협력하지 못하였다. 또 카터는 아프가니스탄 사건과 이란인질 사건 등 국제무대에서도 미국의 입장을 제대로 세우지 못하였다. 무엇보다도 카터는 수많은 문제들에 대한 낙관적인 해결보다 비관적인 걱정에 치중했다.[35]

어떻게 보면 1980년 선거에서 카터는 패배가 예정되어 있었다. 비록 나이는 많지만, 그러나 오랫동안 대통령이 되기 위해 준비를 해 왔고, 무엇을 할 것인가를 국민들에게 분명히 알리고, 자신과 함께할 때 희망찬 미래가 있을 것이라고 주장한 레이건이 공화당의 후보였다. 국민들은 레이건을 '호전주의자'라고 한 카터의 비판에도 불구하고 낙관적인 미래를 제시하는 레이건을 선택했다.

1981년 카터는 후임자 레이건의 취임식에 참석한 후 조지아주 플레인으로 은퇴했다. 은퇴 후 그는 고향의 땅콩 농장에 큰 빚이 있음을 알고 이를 해결하기 위해 노력했다. 1982년에 그는 고향에 있는 에머리 대학교에 석좌교수로 초빙되어 정치학 강의를 했다. 그 후 그는 아틀란타에 카터 대통령 센터를 건립하는 데 온 힘을 쏟았다. 그는 부인인 로잘린과 함께 모든 정파를 뛰어넘는 비영리 기구인 카터 센터(카터 도서관, 카터 박물관 등)를 1986년에 설립해 국제 분쟁의 중재자로서의 역할을 통한 해결과 세계 민주주의 신장, 그의 평생 관심사인 인권 보호, 질병 예방, 그리고 해비타트 운동과 같은 자원 봉사 등을 위한 비정치적 활동을 계속했다.

그는 남미의 니카라과에서의 인권 활동을 성공으로 이끌었고, 파나마를 비롯한 많은 국가에서 선거 감시단을 이끌어 민주주의 씨앗을 뿌렸다. 에티오피아에서는 에리트레아 인민해방 세력과의 협상을 중재했다.

카터의 가장 빛나는 퇴임 후 업적 중 하나는 한반도 핵 문제에서의 그의 역할이다. 북한은 세계 냉전 체제가 와해되면서 소련과 중국으로부터의 핵우산이 사라진 이후부터 생존을 위한 노력을 해 왔는데, 그 결과 중 하나가 북한의 핵 개발이었다. 1994년 당시 클린턴 행정부는 소위 '북한 핵 문제'를 둘러싸고 북한과의 일전을 고려하게 되었다. 전쟁의 위기가 고조된 가운데 카터는 스스로 북한을 방문해 주석 김일성과 회담을 갖고 대화를 통한 핵 문제 해결이라는 중재를 이끌어 냈다. 카터와 김일성의 이 회담은 그 후 제네바 핵 협상과 소위 6자 회담의 기원이 되고 있다.

퇴임 후 카터는 자원 봉사 활동에도 큰 관심을 가지고 임했다. 그는 글로벌 2000 계획을 통해 개발도상국의 의료와 농업 발전을 위해 자금 모금과 연구 지원을 아끼지 않았다. 또한 순수한 자원 봉사 단체인 '인도주의를 위한 국제 해비타트(Habitat for Humanity International)'를 설립하여 '사랑의 집짓기' 운동에 참여하고 있다. 그는 로잘린과 많은 후원자들과 함께 매년 일정 기간 자원 봉사자로 직접 참여해 몸소 노동을 하면서 세계 곳곳의 가난한 이웃들과 사랑을 나누고 있다.

　　카터는 2002년에 '인권과 평화 중재의 공로'를 인정받아 노벨 평화상을 받았다. 그는 카터 센터에서 자서전과 회고록을 비롯한 다양한 분야의 책을 집필해 냈다. 회고록인 *Keeping Faith: Memoirs of a President, Talking Peace: A Vision for the Next Generation*, 명상록과 믿음서인 *Sources of Strength: Meditations on Scripture for a Living Faith?*, *Why Not the Best?*, *Living Faith*, 수필집인 *The Virtues of Aging, Sharing Good Time*, 자신의 정치적 신념을 다룬 책인 *Our Endangered Values: America's Moral Crisis* 등이 있다.

환영받지 못한 퇴임 대통령

고립주의자 존 타일러의 씁쓸한 말로(末路)

존 타일러는 선거를 통하지 않고 대통령이 된 미국 최초의 대통령이었다. 그는 윌리엄 헨리 해리슨이 단지 한 달만 대통령직을 수행하고 사망했기 때문에 부통령으로서 대통령직을 승계하였다.

타일러는 잭슨 민주당을 기반으로 정치에 입문했다. 잭슨 민주당에서 연방 하원의원과 연방 상원의원을 지냈지만 연방 정부 중심의 관세 정책을 두고 잭슨과 결별하여 휘그당에 입당했다. 타일러는 인디애나 출신의 해리슨과 지역적 안배를 위해 휘그당에 의해 부통령이 되었고, 해리슨이 죽자 대통령이 되었다. 타일러는 부통령으로 대통령에 승계하느냐의 문제를 두고 휘그당 중심의 의회는 물론 민주당 의원들까지 상대해 대대적인 싸움을 벌였다. 심지어 해리슨 내각의 인사들 중 단 한 사람만을 제외하고 모두가 사직해 버리기까지 했다. 결국 타일러는 정당의 기반을 어느 곳에서도 받지 못한 대통령이 되었다.

정당 세력이 없었던 타일러는 4년 후 대통령에 재선되기란 어렵다는 것을 스스로가 알고 있었다. 그래서 그는 제3당의 후보가 되는 것을 거부했다. 그는 퇴임을 준비하면서 "1840년에 나는 공적인 일을 하기 위해 농장에서 부름을 받았다. 그때 나는 이미 내가 가시 침대로 갈 것이라 예견했다. 이제 그동안 나에게 조금의 휴식도 주지 않았던 그 가시 침대를 떠날 것이다. 이제 나는 전원에서 조용히 휴식을 취하기를 원한다"고 말했다.[36]

후임자 포크의 취임식에 참석한 후 그는 고향 버지니아 리치먼드 셔우드 숲에 있는 농장으로 은퇴했다. 타일러는 이곳에서 죽을 때까지 지냈다. 1842년 대통령 재임 시 아내를 잃은 타일러는 1844년에 나이가 30세 어린 줄리아 가디너와 재혼을 했다. 그는 두 아내에게서 얻은 자식이 모두 15명이나 되었다. 퇴임 후 그는 고향에 있는 윌리엄 앤 메리 대학의 동창으로 활동을 하다가 후에 총장직을 역임했다.

퇴임 후 타일러는 정치적으로 다시 민주당을 지지했다. 1861년 2월 남북전쟁이 임박한 가운데 21개 주 대표들을 모아 남북이 화해를 하도록 중재 역할을 했지만 실패했다. 북부와의 화해가 이루어지지 않자 타일러는 버지니아 의회를 설득하여 연방으로부터 탈퇴를 하도록 종용했다. 1862년에 남부동맹의 의원이 되었지만 활동을 하기 전에 사망했다. 북부는 타일러를 남부동맹을 지지한 반역자로 취급했다.

1862년 1월 8일 죽음에 임박한 그는 "의사 선생, 나는 이제 갑니다. 나는 더 이상 바랄 것이 없습니다"라고 말했다.[37] 그의 장례식은 남부동맹 의사당에서 치러졌다. 남부동맹 깃발로 포장된 그의 관을 따르는 장례 행렬에는 150대의 마차가 있었지만 워싱턴에서는 아무도 참석하지 않았다.

그의 무덤은 버지니아 할리우드 공동묘지에 있는데, 사망한 지 53년이 지난 1915년에 미국 의회에서 무덤에 기념비를 세워 주었다.

필모어의 혼란스런 퇴임 후 생활

퇴임 전 퍼스트레이디인 아비게일 필모어는 영향력을 이용하여 백악관에 최초로 도서관을 세웠다. 1853년에 백악관을 떠난 후 필모어는 고향 버팔로로 되돌아왔고 곧바로 변호업을 시작했다. 그러나 아내와 딸이 연이어 죽은 후 정신적 공허감이 밀려와 고통을 완화하기 위해 오랫동안 미국 남부와 중서부, 그리고 유럽을 여행했다. 유럽을 여행하던 1856년에 필모어는 부지당(Know-Nothing Party)으로 알려진 대중적이고 반이민적이며 반가톨릭적인 미국당(American Party)의 지명을 받고 백악관에 다시 입성하기 위해 정치 현장에 복귀했다. 하지만 그는 이민과 가톨릭에 대한 미국당의 입장을 무시했고, 결국 일반투표에서 3위를 차지했고 선거인단 투표에서는 단지 한 개 주에서만 승리했다.

필모어는 남북전쟁 초기에는 연방과 링컨을 지지했다. 그래서 그는 활동적인 군복무를 하기에 너무 늙은 명사들의 모임이었지만 자신이 주장해 온 연방 보존을 뒷받침해 줄 연방 대륙군(Union Continentals)을 조직했다. 연방 대륙군의 사령관으로 그는 신병 모집을 독촉했고 전쟁 물자 조달을 위해 자금 모금 운동을 이끌었다.

그러나 전쟁이 계속 진행되고 수많은 사람들의 죽음과 파괴가 명백해지자 필모어는 연방과 링컨에 대한 지지를 철회하고 친남부적, 반공화당적, 반링컨적인 입장을 취하였다. 그는 공화당이 이 전쟁을 일으켰고 전쟁을 유혈 사태로 질질 끌고 있다고 주장했다. 1864년에 물자 조달을 위한 한 집회에서 그는 혹독하게 공화당을 비난했고, 남부 주들과 화해를 주장했다. 또한 그는 연말에 실시한 대통령 선거에서 링컨의 재선에 도전하는 민주당 대통령 후보인 조지 맥클렌란George McClellan을 지지했다.

1864년 고향에서 행한 한 연설에서 남북전쟁에 대해 다음과 같이 말했다. "3년 동안의 남북전쟁은 흠 없는 이 땅을 황폐하게 만들었습니다. 뿐만 아니라 이 전쟁은 이 나라가 아직도 태어나지 않은 수백만의 사람들의 노력으로, 세금으로 지불할 수밖에 없는 빚을 지게 되었습니다. 형제간에 등을 돌리고, 유혈이 낭자한 전장에서 아버지와 아들이 싸웠습니다. 그래서 이 나라를 형제의 피로 얼룩지게 했습니다. 전장에는 살해된 사람들의 뼈로 넘쳐 납니다. 그리고 하늘은 비탄의 장막이 검게 내려져 있습니다."[38]

필모어는 또한 도망 노예법(Fugitive Slave Law)을 지지하여 북부와 링컨의 노예 해방 노력을 반대했다. 이로 인하여 링컨이 암살된 후 그는 버팔로의 집이 폭도들에 의해 약탈을 당하는 수모를 겪기도 했다.

이에 충격을 받은 필모어는 전쟁이 끝난 후 정치 생활로부터 완전히 떠나 버렸다. 그는 생활의 대부분을 버팔로의 문화와 위신을 신장하는 데 보냈다 그는 버팔로 역사학회와 버팔로 예술 아카데미를 세웠다. 그리고 버팔로 대학과 버팔로 종합병원을 건립하고 시에서 가장 훌륭한 고등학교를 건립하는 데 많은 도움을 주었다. 또한 그는 연금 중 일부인 1700달러를 버팔로 고아원과 여러 다른 자선단체에 기증했다. 그는 1874년 3월 8일 너무나 사랑하는 버팔로에서 74세로 사망했다.

지역 여론과 다른 주장으로 고향에서도 환영받지 못한 피어스

북부 출신이면서 남부의 대대적인 지지를 받아 민주당 후보로 대통령에 당선된 피어스는 북부인들로부터 소위 '도우페이스(doughface, 남부의 원리를 추종하는 소신 없는 북부인)'로 비난을 받았다.

피어스는 아내의 소심함과 자식들의 연이은 죽음으로 백악관 생활을 가장 우울하게 보낸 대통령이었다. 퇴임 후에도 정신적으로 안정을 얻지 못하였는데 마지막 남아 있는 아들 베니의 죽음으로 피어스는 정신적으로 더욱 고통을 받았다.

그는 대통령 재임 시는 물론 1857년 퇴임 후에도 남부만을 지지했다. 후임자 뷰캐넌의 취임식에 참석한 후 고향으로 은퇴를 했지만 그는 뉴햄프셔 주민들로부터 아무런 환영을 받지 못했다. 대통령이 되기 전에 그랬던 것처럼 퇴임 후에도 피어스는 도우페이스의 딱지를 떼지 못하고 있었다.

피어스는 반노예제도를 극도로 반대했으며, 남북전쟁이 일어나자 링컨의 전쟁 정책을 노골적으로 반대하고 나섰다. 1864년 7월 4일에 그는 한 연설을 통해 피어스는 가장 인기 없는 전직 대통령으로 남게 되었다. 그는 "이 무시무시하고, 효과 없고, 치명적인 시민전쟁은 단지 노예를 해방시켜야 한다는 것으로 인하여 약탈과 정복을 획책하고 있다. 전쟁을 통하여 연방을 유지하고자 하는 노력이 얼마나 무익한 일인지 아는가"라고 말했다.[39]

피어스의 이러한 반전 태도는 고향 뉴햄프셔주는 물론 북부 전역에서 비난의 대상이 되었다. 특히 이웃과 친척들로부터도 반역자로 비난을 받았으며, 링컨이 암살되자 성난 폭도들이 그의 집을 약탈하려는 위협을 가하기도 했다.

거짓말로 인하여 추방당한 닉슨

　닉슨은 미국 대통령 중 유일하게 현직에서 사임했다. 형식은 사임이었지만 다가오는 상원의 탄핵의 위협은 그로 하여금 더 이상 대통령직에 머물러 있지 못하게 했다. 국민과 국가에 대한 거짓, 권력 남용, 의회의 권위 무시 등이 그가 저지른 죄상이었다. 그것은 워터게이트 사건의 결과였다.

　1974년 8월 8일 닉슨은 백악관에서 기자회견을 통해 사임을 발표했다. "나는 더 이상 이 싸움을 계속할 친구와 근거를 가지고 있지 않습니다"라고 선언했다. 그는 사임의 이유를 워터게이트를 일으킨 것에 두지 않았다. 후대의 역사가들은 이를 두고 닉슨은 사임하는 그 순간까지 위선적이라고 비난했다.

　닉슨이 사임한 이튿날인 8월 9일 부통령 포드가 대통령을 승계했다. 닉슨은 포드의 취임식에도 초대받지 못한 채 쓸쓸하게 캘리포니아로 향했다. 대통령이 된 포드가 곧바로 닉슨을 사면해 주었지만 그에 대한 국민들의 불신은 쉽게 줄어들지 않았다.

　은퇴 후 깊은 시름 속에서 캘리포니아 생활을 청산하고 뉴욕으로, 그리고 뉴저지로 이사를 했다. 변호사 자격증이 박탈되어 변호 일을 다시 할 수 없었기 때문에 그는 주로 라디오와 텔레비전에 출현하거나 정치와 외교 문제에 대한 연설을 했다. 또한 그의 은퇴 생활은 국내에서보다 외국에서 인기를

얻었는데 1994년 그가 죽기까지 18개국을 여행하면서 16명의
정상과 만나 환담을 했다.

자식 문제는 마음대로 할 수 없네

프랭클린 루스벨트

  F. 프랭클린 루스벨트는 미국의 다른 대통령이 전혀 경험하지 못한 4회 대통령 당선을 경험하였고, 12년 동안 대통령으로 있었다. 그동안 그는 소아마비를 극복한 불굴의 의지로 대공황을 극복하고 제2차 세계대전을 승리로 이끌었다. 정치에 있어서 위대한 리더십을 발휘한 그도 자신의 마음대로 할 수 없었던 것이 한 가지 있었다. 그것은 자식들의 문제였다. 퍼스트레이디 엘리노어는 남편이 죽은 지 오랜 후에 자식들에 대한 한 가지 이야기를 했다. 오랫동안 아버지를 만날 수 없었던 아들이 백악관 직원에게 대통령과의 면담을 정식으로 요청했

다. 그러나 아들과의 면담 시간에 대통령은 의자에 앉아 서류만 읽고 있었다. 모욕을 당한 아들은 어머니에게 "아버지에게 다시는 사적인 일을 말하지 않겠어요"라고 말했다.[40]

　너무나 중대한 일을 하는 대통령이기 때문에 자식들에 대한 아버지로서의 역할이 소홀할 수밖에 없다는 것은 인정하지만 F. 루스벨트는 이 점에 있어서 다른 대통령에 비해 더 심했던 것 같다. 대통령의 자식들에 대한 연구를 한 더그 위드Doug Wead는 대통령의 자식이지만 자신들의 정체성을 찾아 헤맬 수밖에 없는 F. 루스벨트의 자식들을 특별히 다루었다. 하지만 오랫동안 대통령에 있었던 F. 루스벨트는 그만큼 자식들에 대한 애착도 컸으리라 생각된다. 그는 보좌관들에게 "다른 모든 것은 내 마음대로 할 수 있지만 자식 문제만큼은 내 마음대로 할 수 없네 그려"라고 자주 말했다고 한다. 사실 F. 루스벨트의 자식들은 그들의 부모와 같이 정치 분야에서 전혀 두각을 드러내지 못하였다. 단지 F. 루스벨트 2세만이 정치 분야에서 활동하여 뉴욕 주지사에 출마했지만 낙방하였다. 다른 자식들의 연이은 스캔들과 잦은 이혼에 부모의 마음은 편치 않았다. 엘리엇과 존 애스핀월은 정치와는 전혀 다른 분야에서 활동했다.[41]

워싱턴

　'건국의 아버지' 워싱턴은 부유한 과부 마사 커스티스와 결혼을 했다. 마사는 전 남편 커스티스의 자식 둘(마사 파크 커스티스와 존 파크 커스티스)을 데리고 왔다. 워싱턴과 마사 사이에서는 자식이 없었다. 워싱턴은 아내의 자식들을 친자식 이상으로 잘 대해 주었다. 그러나 딸 마사는 간질이 걸려 죽고 말았다. 원래 4명의 자녀가 있었던 마사는 결혼하기 전에 두 명이 죽었다. 이제 남은 자식은 존 파크뿐이었다. 워싱턴은 자식을 잃은 아내를 무척이나 측은하게 생각하여 남아 있는 존을 친아버지 이상으로 사랑했다. 그러나 마사의 지나친 보호와 아버지의 아내에 대한 안타까움이 더해 존은 그만 응석받이로 자라 버렸다. 그에 대한 다른 사람들의 평가는 "게으름뱅이" "호색한" "괴물" 등이었다. 아버지가 독립군 총사령관으로 명성을 높이고 있는 동안 그는 거짓으로 아버지를 속이면서 돈을 낭비했다. 그런데 갑자기 독립 전쟁이 끝나갈 무렵 군인이 되겠다고 선언하고 아버지의 개인 참모가 되어 전쟁터에 나왔다. 그러나 그는 단 며칠 만에 설사병에 걸려 죽고 말았다.

앤드류 잭슨

앤드류 잭슨은 레이첼과 결혼했지만 둘 사이에는 자식이 없었다. 앤드류 잭슨 2세는 아내 레이첼의 조카인데 그를 아들로 입양했다. 장군으로, 대통령으로 공직을 지내면서 잭슨은 아들을 제대로 돌보지 못했다. 아내마저 1828년 선거 몇 달 전에 죽고 말았다. 부모의 보살핌에서 멀어진 잭슨 2세는 돈을 한 푼도 모으지 못하는 사람이 되어 버렸다. 그는 방탕한 생활로

돈을 쓰다 떨어지면 아버지를 팔아서 돈을 빚내어 썼다. 아들은 빚을 내고 아버지는 그 빚을 갚고 하는 과정이 반복되었다. 잭슨이 퇴임한 후에도 이런 생활은 계속되었는데 심지어 1845년 그가 죽기 며칠 전까지도 아들의 빚을 갚았다. 잭슨 2세는 1865년 죽을 때까지 그 버릇을 고치지 못하였다.

존 애덤스와 조지 부시의 또 다른 영광

퇴임 후 존 애덤스와 조지 부시는 다른 대통령들이 경험하지 못한 또 다른 영광을 경험했다. 그들의 아들이 아버지와 같은 대통령이 되었기 때문이다. 존 애덤스는 아들 존 퀸시 애덤스가 대통령이 되는 것을 지켜보았다. 조지 부시는 아들 조지 W. 부시가 대통령이 된 것을 경험했다.

대통령의 자식들이 아버지를 따라 정치를 하는 경우가 많이 있지만 미국에서는 이 두 대통령의 예를 제외하고는 정치 분야에서 성공한 경우는 극히 드물다. 외교관, 변호사, 시장, 하원의원, 군인 등의 공직을 지내는 경우는 많이 있었지만 아버지와 같이 두각은 드러내지 못했다. 대통령의 자식들 중 대부분은 다양한 분야에서 일을 했다. 은행가, 기업인, 작가, 학자, 사회 봉사자, 기타 등등. 아버지가 대통령이었기 때문에 아버지와 가깝게 지낼 수 없었던 대통령의 자식들, 그들 인생이 아버지가 대통령이기 때문에 행복했는가는 미지수다.

죽은 자는 말이 없지만

임기 중에 사망한 대통령은 당연히 퇴임 후의 생활이 없다. 지금까지 42명의 미국 대통령 중 임기 중 사망한 대통령은 총 8명이다.

죽은 자는 분명 말이 없다. 해리슨, 테일러, 가필드, 매킨리, 하딩은 임기 중에 사망하였고, 그것으로 그들의 영향력도 함께 사라졌다. 하지만 링컨과 프랭클린 루스벨트, 그리고 케네디는 살아서 퇴임 생활을 오래 한 다른 어떤 대통령들보다 더욱 많은 영향력을 발휘하고 있다.

링컨은 연방 보존과 노예 해방이라는 위대한 업적을 이루었다. 프랭클린 루스벨트는 소아마비의 장애를 이기고 일어나 대공황을 극복하고 제2차 세계대전에서 승리하는 업적을 이

재임 중 사망한 미국 대통령

이름	대	사망 원인	승격한 대통령
W. H. 해리슨	9	폐렴	타일러
테일러	12	콜레라	필모어
링컨	16	암살	앤드류 존슨
가필드	20	암살	아서
매킨리	25	암살	T. 루스벨트
하딩	29	식중독	쿨리지
F. D. 루스벨트	32	뇌출혈	트루먼
케네디	35	암살	린든 존슨

루었다. 그가 꿈꾼 전후 평화 체제는 UN의 모습으로 오늘날 가장 영향력 있는 국제기구가 되었다. 케네디는 '뉴프론티어' 정신으로 우주 개발의 시작, 쿠바 미사일 위기 극복, 인권 정책 등을 추진하여 미국의 민주주의와 국가의 자존심을 더욱 향상시켰다. 오늘날 링컨, 프랭클린 루스벨트, 케네디 등의 영향력은 그들이 이룬 업적 그 자체보다는 이러한 업적을 이룰 수 있었던 그들의 리더십이라는 유산에 집중되어 있다.

링컨 리더십의 본질은 원칙에 입각한 용서와 화해를 통한 '통합의 리더십'이다. 링컨은 독립선언서와 연방헌법이 보장하는 원칙에 입각하여 연방 보존과 노예 해방을 목표로 삼았다. 이를 위해 링컨은 전쟁까지 불사했다. 이 목표가 달성된 후에는 용서와 화해를 통한 새로운 미국의 건설이 링컨이 후대에 남겨 둔 유산이었다.

프랭클린 루스벨트의 리더십의 본질은 불굴의 신념과 추진력이다. 소아마비를 극복하고 대공황이 엄습한 가운데 치러진 취임사에서 그는 "우리가 두려워해야 할 것은 오직 두려움 그 자체다"라고 말했다. 그는 불굴의 의지로 대공황은 물론 제2차 세계대전을 승리로 이끌어 냈다. 전쟁 동안 세계 평화에 대한 그의 구상인 유엔은 그 어느 퇴임 대통령보다 확고한 영향을 발휘하고 있다고 하겠다.

케네디의 리더십의 본질은 변화를 통한 희망의 리더십이다. 그는 취임사에서 "희망의 횃불이 새로운 세대의 미국인에게 넘어가고 있다"고 말했다. 케네디의 미래에 대한 희망의 리더십은 미국이 달과 우주를 탐험하는 밑거름이 되었다.

미국 대통령을 통해 우리의 퇴임 대통령을 본다

다양한 모습의 미국의 퇴임 대통령

지금까지 42명의 대통령을 배출하고 있는 미국은 퇴임 대통령의 모습 역시 다양하다. 워싱턴의 3선 금지 원칙은 일종의 불문율로 지켜졌지만, 그랜트 등은 이를 무시하고 3선의 대통령이 되고자 했다.

정치 분야에서 최고의 자리에 있었지만 퇴임 후에도 정치를 떠나서는 살 수가 없었던 대통령도 있었다. 존 퀸시 애덤스는 다시 연방 하원의원에 당선되어 너무나 활발하게(어떤 역사가들은 대통령 때보다 훨씬 활발하게 활동했다고 비꼬고 있다) 활동했다. 앤드류 존슨은 퇴임 후 다시 몇 번의 도전 끝에 연방 상원의원에 당선되어 죽을 때까지 상원에서 일을 했다. 퇴임 후에도 강하게 정치에 집착한 존 퀸시 애덤스와 앤드류 존슨이 각각 그들의 후임 대통령의 취임식에 참석하지 않았다는 것은 매우 흥미로운 사실이다.

혁명과 국가 건국의 동지였지만 정치를 하면서 라이벌이 된 존 애덤스와 토머스 제퍼슨은 1800년 선거를 치루면서 관계가 더욱 벌어졌다. 애덤스는 1801년 3월 3일 퇴임 하루를 앞두고 공화파를 견제하여 존 마셜을 비롯한 연방파 중심의 사법부의 인사를 단행했다. 이는 제퍼슨이 공화파 중심으로 정치를 해 가는 데 적지 않은 걸림돌이 되었다. 하지만 총체적으로 볼 때 강력한 사법부의 출현은 미국 역사에서 사법부의 독립을 가져왔고 민주주의 발전에 적지 않게 이바지했다는 데 동의하고 있다.

태프트와 후버는 직접적인 정치 현장은 아니지만 현직 대통령의 주선 아래 다른 분야에서 정치 생활을 했다. 태프트는 하딩으로부터 그토록 원했던 대법원장에 임명되어 사실 대통령직보다 훨씬 효율적으로 일을 했다. 대공황의 책임자라는 불명예를 안고 있었던 후버는 트루먼과 아이젠하워로부터 부름을 받아 소위 '후버 위원회'를 이끌어 미국 정치사에 큰 기여를 했다.

또한 현직 대통령들의 현안 문제에 지나친 간섭으로, 혹은 지나친 반대 의견으로 자신이 살고 있던 집까지 약탈당하는 수모를 겪은 퇴임 대통령들도 있었다. 타일러, 필모어, 피어스가 그러했다.

한편으로, 퇴임 후에는 정치로부터 멀어진 생활을 원한 대통령들도 있었다. 그랜트는 3선에 실패한 후 사업에 열중했지만 사기를 당하여 완전히 파산했다. 헤이즈는 공화당 의원들의 지나친 간섭으로 정치에 치를 떤 대통령이었다. 클리블랜드와 쿨리지 역시 정치보다 사업의 길을 선택했다.

3선 금지가 명문화된 트루먼 이후부터 대부분의 퇴임 대통령들은 워싱턴을 떠나 고향에 도서관과 박물관, 연구 센터 등을 건립해 정치적인 일보다 자서전 집필, 국제 문제, 환경 문제, 자원 봉사 등에 관심을 집중했다. 카터의 경우가 가장 돋보이는 예라 할 수 있다.

미국의 퇴임 대통령들이 하나같이 고향에 도서관과 연구 센터를 건립하고 있는 데는 상당한 의미가 있다. 여기에는 퇴임 대통령이 현직 대통령에게 정치적 부담을 주지 않겠다는 큰 의미가 숨어 있다. 또 자신은 보통 시민으로 돌아간다는 의미도 내포되어 있다. 하지만 이것보다 더 중요한 것은 이런 건물을 짓고 운영을 하는 데 들어가는 비용의 문제다. 건물이 들어서는 땅은 퇴임 대통령 자신의 땅이나 고향의 친구, 유지 등이 기증을 하는 형식이고, 건물은 후원자들의 모금으로 건립하고 있다. 말하자면, 철저한 개인적 차원에서 퇴임 후의 생활 터전이 마련된다는 점이다. 다만 도서관과 연구 센터의 운영 자금은 자체적인 자금을 마련하거나 혹은 그 일부는 시 정부나 주 정부, 연방 정부의 지원을 받고 있다.

한편 최근에 퇴임한 부시와 클린턴은 그들보다 이전에 퇴임한 대통령들과 한 가지 다른 점이 있다. 그것은 부시와 클린턴은 공기업이나 사기업 등의 자문 역을 담당하여 막대한 수입을 올리고 있다는 점이다. 부시는 미국의 무기 중개 회사인 K사에 자문 역으로 많은 수입을 올렸다. 클린턴은 최근에 친구인 론 버클이 운영하는 사모펀드 유케이파에서 자문을 하여 무려 2000만 달러를 자문 대가로 받았다고 한다.

우리나라 퇴임 대통령에게 바람

해방 후 지금까지 우리나라도 10명의 대통령을 내고 있다. 하지만 우리나라는 그동안 퇴임 대통령에 대한 개념조차도 분명치 않았다. 그것은 장기 집권에 대한 과욕으로 대통령직에서 추방당하고, 암살당했기 때문이다. 또 권력에 대한 과욕으로 정통성이 결여된 상태에서 퇴임 대통령이 되었기 때문이다. 심지어 현직에 있을 때의 온갖 부정부패에 연루되어 사법 처리를 당해 막대한 벌금 처분을 받는 상태에서 퇴임 대통령에 대한 이미지는 부정적이었다.

퇴임 대통령에 대한 부정적인 이지미를 강하게 가지고 있는 국민들은 퇴임은 곧 현직에 있을 때의 권력 남용에 대한 부정 비리가 폭로되는 개념으로 파악하고 있다. 전두환 대통령과 노태우 대통령은 물론이고 김영삼 대통령과 김대중 대통령도 퇴임과 동시에 아들과 측근들의 부정 비리가 폭로되어

본인은 아니지만 가장 가까운 사람들이 사법 처리되는 수모를 겪었다.

퇴임 대통령에 대한 국민들의 이러한 부정적인 이미지는 자연히 그들의 활동 영역을 축소시켰다. 그래서인지 우리나라의 퇴임 대통령들은 대부분 정치적이고 사회적인 활동보다 개인적인 일에 치중하고 있다. 오히려 정치를 하고 있는 현직 정치가들이 퇴임 대통령을 찾아가 소위 '눈도장'을 받아 오는 경우가 많다.

이제 또 한 명의 퇴임 대통령이 탄생한다. 이 시점에서 우리나라도 퇴임 대통령의 바람직한 역할이 무엇인지 신중하게 생각해야 한다.

첫째, 우리나라 대통령들도 퇴임 후에는 고향으로 돌아가야 한다. 다행히도 우리나라 대통령 사상 처음으로 노무현 대통령이 고향 봉화마을로 내려갔다. 그러나 고향으로 내려가는 것까지는 좋지만, 그곳에 새로 마련한 집이 '작은 청와대'라는 비판을 받고 있는 것은 바람직하지 못하다. 사실 노무현 대통령은 스스로 서민 대통령을 주장하고 검소함을 미덕으로 살아온 대통령이 아니었던가?

둘째, 다양하고 활발한 사회 활동을 계속해야 한다. 이제 초당파적인 입장에서 국정 책임자로서의 경륜과 경험을 살려 국가 발전과 국민들의 행복 증진에 작은 밑거름이 되어야 한다. 특히 미국의 퇴임 대통령들같이 각자가 가장 관심 있는 분야에서 헌신적으로 노력하고 자원 봉사를 하는 자세가 필요하다.

셋째, 각자의 고향에 대통령 기념관 혹은 역사관을 건립하여 지역 문화의 발전에 이바지해야 한다. 이는 서울 편중의 국가 발전을 지양하고 지역 문화의 특성을 개발하여 지역도 골고루 잘살 수 있는 기회를 제공할 수 있다.

마지막으로, 진실한 마음으로 자서전이나 회고록 집필을 해야 한다. 대통령의 글은 그 자체가 바로 역사다. 그만큼 대통령의 진실한 글은 우리나라의 역사 발전에도 큰 기여를 하리라 생각한다.

한 가지 더 말하자면, 김영삼 대통령과 김대중 대통령 두 분에게 바람이 있다. 김영삼과 김대중은 분명 큰사람들이다. 민주화의 상징으로, 대통령으로 이 두 사람은 분명 한국 역사에 있어 큰 의미로 남을 것이다.

하지만 아직 두 사람에게는 한 가지 매듭짓지 못한 것이 남아 있다. 동지로, 라이벌로 격동의 현대사를 살아오면서 두 사람의 목표는 아마도 같았을 것이다. 다름 아닌 국가의 발전과 국민의 행복 증진이 그것이었으리라. 단지 두 사람은 방법이 달랐을 뿐이다.

개인에게 있어서나 국가에 있어서나 나아가 세계에 있어서 민주주의의 완성은 서로의 다름을 인정하는 것이라 생각한다. 큰사람으로 지난 과거를 묻어 두고 이제 두 퇴임 대통령이 서로의 다름을 인정하고 아름답게 화해하는 모습을 국민들에게 보여 주기를 간절히 원한다. 미국의 애덤스와 제퍼슨이 그랬던 것처럼, 또 T. 루스벨트와 태프트가 그랬던 것처럼 김영삼 대통령과 김대중 대통령이 화해를 통한 협력의 리더십을 보여 주기를 바란다.

유산의 법칙이 작용하는 리더십

대통령의 자리는 분명 리더의 자리이다. 하지만 어떤 대통령이 반드시 진정한 리더라고는 할 수 없다. 대통령이라는 막강한 권력을 가지고 있을 때에는 많은 사람들이 따른다. 그것은 그가 현재 가지고 있는 힘, 곧 인사권과 경제권을 가지고 있기 때문에 비록 그가 리더가 아니지만 많은 사람들은 따른다. 그러면 대통령이면서 진정한 리더는 어떤 사람인가?

미국 샌디에이고시 레몬 그로브에 있는 스카이라인 웨슬리언 교회 목사이면서 능력 있는 리더십 전문가로 리더십에 관한 수많은 책을 쓴 존 맥스웰은 『리더십의 21가지 불변의 법칙』에서 다음과 같이 말하고 있다.

"리더의 능력은 개인적으로 성취한 것이나 그가 재직하고 있는 동안에 그 구성원이 이루어 낸 것으로 판단받지 않는다. 그것은 그 리더가 없어진 후에도 그 구성원과 그 조직이 잘 해 내고 있는가에 의해 판단된다."[42)]

이는 리더의 진정한 성공 여부는 그가 현직에 있는 동안 미치는 영향력이 아니라 그가 죽거나 사라진 후에도 미치는 영향력에 달려 있음을 말하는 것이다. 리더십의 법칙 중 '유산의 법칙'을 말하고 있다.

하지만 유산의 법칙에는 분명히 짚고 넘어가야 할 전제가 있다. 어디까지나 여기서 말하는 유산은 '원칙 중심의 리더십'을 의미하는 것이지 개인의 업적 과시나 권력 연장, 혹은 후임자에게 압박을 가하는 것이 아니라는 점이다.

현직에 있는 대통령은 그 영향력이 대단하다. 물론 독일과 같은 몇몇 나라에서는 대통령을 의례적인 국가원수로 자리매김하고 있는 경우도 있다. 하지만 대부분의 대통령제를 채택하고 있는 나라들의 대통령은 실로 막강한 권한과 영향력을 행사하고 있다.

특히 역사상 최초로 대통령제를 채택한 미국의 대통령은 국가수반으로, 군통수권자로, 최고 외교관으로, 그리고 번영의 관리자 등으로 다양하고 방대한 권한을 행사하고 있다. 여기에 더하여 오늘날의 미국 대통령은 미국뿐만 아니라 전 세계적으로 그 영향력을 발휘하고 있는 것이 사실이다. 많은 면에서 미국의 대통령제를 따르고 있는 우리나라의 대통령 역시 현직에 있는 동안 수많은 권한을 가지고 있으며 그만큼의 영향력도 크다.

이런 의미에서 현직에 있는 대통령은 분명 리더다. 하지만 그가 대통령이라는 리더로 성공했는가에 대한 판가름은 현직에 있을 때 성취한 것이나 그의 구성원이 이룬 것에 의해 판단되지 않는다. 그의 성공 여부는 그가 퇴임을 했거나 혹은 사라진 후에도 그가 추구한 원칙 중심의 리더십이 유구한 생명력을 가지고 살아 있는가에 달려 있다.

예수, 석가, 공자, 소크라테스의 영향력이 유구하듯 위대한 대통령으로 평가받고 있는 워싱턴, 링컨, 프랭클린 루스벨트, 레이건 등 그들의 영향력 또한 유구하다. 이들은 모두 분명 죽고 없지만 그들의 영향력은 오늘날에 더욱 빛나고 있다. 소위 리더십의 유산의 법칙이 작용하고 있는 것이라 하겠다.

한편으로, 진정한 리더라기보다 권력의 향기에 집착한 크롬웰, 프랑코, 히틀러, 무솔리니, 스탈린 등의 영향력이 그의 죽음과 동시에 사라진 것과 같이 하딩, 뷰캐넌, 앤드류 존슨, 그랜트 등 소위 실패한 인물로 평가받고 있는 대통령들의 영향력 또한 잘 기억되지 않는다. 이 또한 다른 의미에서 유산의 법칙이 작용하고 있는 것이다.

부록: 역대 미국 대통령 순위

전체 순위	지도력	업적과 위기 관리 능력	정치술	인사	성격과 도덕성
1. 링컨	2	1	2	3	1
2. 프랭클린 루즈벨트	1	2	1	2	15
3. 워싱턴	3	3	7	1	2
4. 제퍼슨	6	5	5	4	7
5. 시어도어 루즈벨트	4	4	4	5	12
6. 윌슨	7	7	13	6	8
7. 트루먼	9	6	8	9	9
8. 잭슨	5	9	6	19	18
9. 아이젠하워	10	10	14	16	10
10. 매디슨	14	14	15	11	6
11. 포크	12	8	12	15	20
12. 린든 존슨	11	12	3	10	37
13. 먼로	15	13	16	8	13
14. 존 애덤스	17	11	21	13	3
15. 케네디	8	16	10	7	34
16. 클리브랜드	13	17	19	17	16
17. 매킨리	18	15	17	18	19
18. 존 퀸시 애덤스	20	20	25	12	4
19. 카터	28	22	32	14	5
20. 태프트	25	21	30	20	14
21. 밴 뷰런	19	24	11	22	25
22. 부시	24	18	27	25	24
23. 클린턴	26	23	20	24	38
24. 후버	22	33	34	21	11
25. 해이즈	29	26	23	26	22
26. 레이건	16	27	9	39	39
27. 포드	34	28	24	23	17
28. 아서	31	25	22	27	33
29. 태일러	23	31	33	28	23
30. 가필드	30	36	26	32	26
31. 벤자민 해리슨	32	29	29	29	28
32. 닉슨	21	19	18	34	41
33. 쿨리지	37	34	28	31	21
34. 타일러	35	30	35	30	27
35. 윌리엄 해리슨	33	39	36	35	29
36. 필모어	36	32	31	33	31
37. 피어스	38	37	37	36	35
38. 그랜트	27	35	40	40	32
39. 앤드류 존슨	39	38	41	37	30
40. 뷰캐넌	40	41	39	38	36
41. 하딩	41	40	38	41	40

<참고문헌> William J. Ridings, Jr., and Stuart B. McIver, Rating the Presidents, (김형곤 옮김, 『위대한 대통령 끔찍한 대통령』, 한언, 2000.)

주

1) *Financial Times*, 27 December 2007.

2) 이와 관련하여 이미 건양대학교의 라윤도 교수는 재치 넘치는 칼럼을 썼다. 대통령의 도서관이나 기념물은 다음의 원칙을 지켜야 한다는 것이다. 첫째는 절대로 정부 예산이 투입되어서는 안 된다. 그 인물에 대한 선호가 다르고 업적의 평가가 다른 상황에서 국민의 세금을 쓴다는 것은 많은 저항에 부딪힐 수 있기 때문이다. 이는 김대중 정부가 선심성으로 내놓았던 '박정희 기념관' 문제가 200억의 헛돈만 쓴 채 유야무야된 것에서 피부로 느끼고 있다. 둘째는 가치중립적이면서도 실용적인 명칭을 써야 한다. '기념관'이라는 명칭에 내포된 긍정적 의미에 반감을 갖는 사람들도 있기 때문에 별 거부감도 없고 실용성도 겸한 '도서관'이라는 명칭이 좋다. 동시에 '도서관'은 지역사회에 기여한다는 의미도 내포하고 있다. 셋째는 대통령의 고향이나 가급적 연고가 있는 곳에 위치해야 한다. 현직 대통령이 활동하고 있는 서울은 피하는 것이 좋다. 국가 균형 발전적 차원이나 지역 주민에의 봉사라는 차원에서도 도서관이나 대학 등 인프라가 풍부한 서울보다는 대통령의 고향이나 출신 학교가 있는 지방이 좋다. 우리나라 최초의 대통령 도서관인 김대중 도서관이 사랑을 받지 못하는 이유도 여기에 있다. 「서울신문」, 2007.5.4.

3) *Financial Times*, 27 December 2007.

4) 월슨은 대통령 말기에 건강이 악화되어 퇴임 후 고향인 뉴저지로 갈 형편이 못 되었다.

5) Gene Smith, *When the Cheering Stopped: The Last Years of Woodrow Wilson*, Morrow, 1964.

6) John Marshall, *The Life of George Washington*, Liberty Fund, 2000.

7) 여기에 대한 내용은 다음에 잘 나와 있다. Jim Piecuch, "Washington and the Specter of Cromwell," in ed. Ethan Fishman, *George Washington*, Praeger, 2001.

8) http://www.mountvernon.org/learn/meet_george/index.cfm/pid/130/

9) *Ibid.*

10) Douglas S. Freeman, *Washington, An Abridgement by Richard Harwell of the seven-volume George Washington*, Scribner's Sons, 1968.

11) William A. DeGregorio, *The Complete Book of U.S. Presidents*, Cramercy Book, 2001.

12) Page Smith, *John Adams*, Doubleday, 1962.

13) DeGregorio, *The Complete Book of U.S. Presidents*.

14) 영국군이 수도를 쳐들어 왔을 때 당시 퍼스트레이디인 돌리 매디슨은 영국군을 유인하면서 백악관에 남아 있는 워싱턴의 초상화를 비롯한 여러 보물을 안전하게 옮겼다. 오늘날 백악관은 1814년 전쟁 동안 영국군이 불을 질러 검게 탄 건물을 흰색으로 칠한 데서 유래되었다.

15) Merrill D. Peterson, *Thomas Jefferson and the New Nation*, Oxford University, 1986.

16) Nicholas Roosevelt, *Theodore Roosevelt: The Man as I Knew Him*, Dodd, Mead, 1967.

17) Nation Miller, *Star-Spangled Man: America's Ten Worst Presidents*(김형곤 옮김, 『이런 대통령 뽑지 맙시다』, 혜안, 2002).

18) 하지만 T. 루스벨트의 노벨 평화상은 우리나라에게는 참으로 유감스러운 일이다. 러일전쟁의 여러 원인 중 하나가 대한제국을 둘러싼 열강들의 아귀다툼이었다. 당시 일본 제국주의는 청나라로부터 조선의 종주권을 빼앗은 지 오래였고 러시아가 새로운 도전자였다. 이를 미국이 포츠머스 조약과 일제와 미국의 은밀한 밀약인 카스라-태프트 조약을 통해 일제의 대한제국 지배의 정당성을 부여했던 것이다. 이 조약과 밀약으로 미국은 필리핀을, 일제는 대한제국의 식민지를 정당화시켰다.

19) 김형곤 옮김, 『이런 대통령 뽑지 맙시다』.

20) DeGregorio, *The Complete Book of U.S. Presidents*.

21) 김형곤 옮김, 『이런 대통령 뽑지 맙시다』.

22) William Manner, *TR and Will*, Harcourt, Brace, 1969.

23) Paul F. Boller, *Presidential Anecdotes*, Penguin, 1982.

24) *Ibid*.

25) *Ibid*.

26) William J. Ridings, Jr., and Stuart B. McIver, *The Rating Presidents* (김형곤 옮김, 『위대한 대통령 끔찍한 대통령』, 한언, 2000).

27) Marie B. Hecht, *John Quincy Adams: A Personal History of An Independent Man*, American Political Biography Press, 1995.

28) DeGregorio, *The Complete Book of U.S. Presidents*.

29) 김형곤 옮김, 『위대한 대통령 끔찍한 대통령』, 한언, 2000.

30) *New York Times*, 3 August, 1875.

31) DeGregorio, *The Complete Book of U.S. Presidents*.

32) *Ibid*.

33) Denis T. Lynch, *Grover Cleveland: A Man Four-Square*, Horace Liveright, 1932.

34) 수정 제22조 (대통령의 임기의 제한) [1947년 3월 21일 발의, 1951년 2월 26일 비준] 제1절. 누구도 2회 이상 대통령직에 선출될 수 없으며, 누구도 타인이 대통령으로 당선된 임기 중 2년 이상 대통령직에 있었거나 대통령 직무를 대행한 자는 1회 이상 대통령직에 당선될 수 없다. 다만, 본 조는 연방 의회가 이를 발의하였을 때에 대통령직에 있는 자에게 적용되지 아니하며, 또 본 조가 효력을 발생하게 될 때에 대통령 직에 있거나 대통령 직무를 대행하고 있는 자가 잔여 임기 중 대통령직에 있거나 대통령 직무를 대행하는 것을 방해하지 아니한다.

35) 김형곤, 「지미 카터 대통령의 지도력에 관한 소고」, 『중앙사론』 제18집, 2003.12.

36) Robert Seager II, *And Tyler, Too: A Biography of John and Julia Gardiner Tyler*, Easton Press, 1986.

37) *Ibid*.

38) Robert J. Rayback, *Millard Fillmore: Biography of a President*, American Political Biography Press, 1992.

39) Roy F. Nichols, *Franklin Pierce: Young Hickory of the Granite Hill*, American Political Biography Press, 1993.

40) Doug Wead, *All the Presidents' Children*, 2003(윤성옥, 송경제 옮김, 『대통령의 자식들』, 도서출판 중심, 2004).

41) 프랭클린 루스벨트는 엘리노와의 사이에서 총 6명의 자녀를 두었다. 한 명은 태어나서 곧 바로 죽었고 아들 4명, 딸 1명이 성장했다.

42) John Maxwell, *The 21 Irrefutable Laws of Leadership*(채천석 옮김, 『리더십의 21가지 불변의 법칙』, 청우, 1999).

대통령의 퇴임 이후

초판인쇄 2008년 3월 10일 | 초판발행 2008년 3월 15일
지은이 김형곤
펴낸이 심만수 | 펴낸곳 (주)살림출판사
출판등록 1989년 11월 1일 제9-210호

주소 413-756 경기도 파주시 교하읍 문발리 파주출판도시 522-2
전화번호 영업·(031)955-1350   기획편집·(031)955-1357
팩스 (031)955-1355
이메일 salleem@chol.com
홈페이지 http://www.sallimbooks.com

ISBN 978-89-522-0821-7 04080
     89-522-0096-9 04080 (세트)

책임편집·교정 정회엽

값 9,800원